提升孩子記憶力50法

崔華芳——著

智能教育出版社

責任編輯　　俞　笛
版式設計　　鍾文君
封面設計　　吳丹娜

書　　名　　**提升孩子記憶力50法**
著　　者　　崔華芳
插　　圖　　金昊（5歲）　皮梓霆（4歲）
出　　版　　智能教育出版社
香港北角英皇道 499 號北角工業大廈 20 樓
INTELLIGENCE PRESS
20/F., North Point Industrial Building,
499 King's Road, North Point, Hong Kong
香港發行　　香港聯合書刊物流有限公司
香港新界大埔汀麗路 36 號 3 字樓
印　　刷　　陽光（彩美）印刷有限公司
香港柴灣祥利街 7 號 11 樓 B15 室
版　　次　　2014 年 7 月香港第一版第一次印刷
2018 年 3 月香港第一版第二次印刷
規　　格　　大 32 開（142 × 210 mm）288 面
國際書號　　ISBN 978-962-8904-31-0

本書原由本社以書名《提升孩子記憶 50 法》出版，
現經由著作者授權本社在港台海外地區出版發行。

目錄

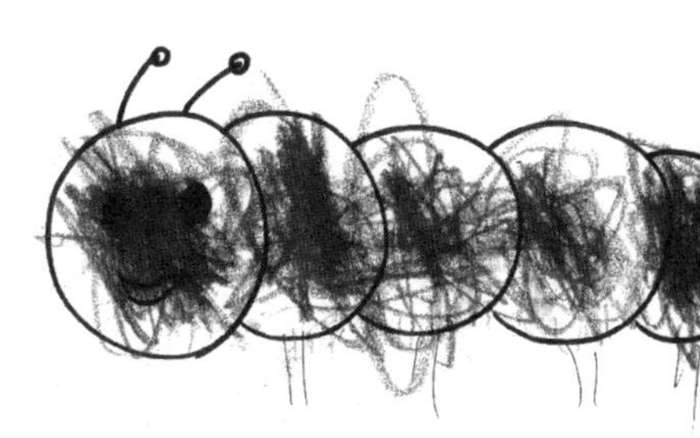

緒言　記憶力是智慧之母

第 1 章　給孩子創造良好的記憶條件

第 2 章　調動孩子的全部感官

第 3 章　教孩子控制自己的記憶活動

第 4 章　教給孩子一些記憶方法

第 5 章　有意識地進行記憶力訓練

緒言　記憶力是智慧之母

記憶力並不是智慧；但沒有記憶力還成什麼智慧呢？

——德國化學家哈柏

人的一切智慧財富都是與記憶相聯繫的，一切智慧生活的根源都在於記憶。

——俄國生理學家謝切諾夫

記憶是智慧的積累

英國哲學家培根曾經說過：「一切知識都不過是記憶。」人的大腦是一個記憶的寶庫，人腦經歷過的事物、思考過的問題、體驗過的情感和情緒、練習過的動作，都可以成為人們記憶的內容。人類依靠大腦的記憶功能，把社會的經驗一代代傳遞下去，人類的智慧才能不斷發展，人類社會才能不斷進步，以至發展到今天。

良好的記憶對於一個人來說，也是相當重要的。據說東漢時，有一位名叫賈逵的人，他 5 歲時還不會開口說話，他的姐姐聽到隔壁私塾裡傳來琅琅讀書聲，便常抱着他到籬笆旁傾聽。到了賈逵 10 歲時，他姐姐發現他在暗誦五經的內容，感到十分吃驚，原來私塾裡學生反反覆覆地唸書，使賈逵耳熟能詳。姐姐幫助他將庭院裡的桑樹皮剝下來，裁成薄片，使他能邊誦邊寫，經過幾年的努力，賈逵已能夠通曉五經和其他史書了。

記憶是指人的大腦對經歷過的事物進行貯存和再現的能力，通俗地說，就是把某東西記住，想知道的時候就想起來了。新版《辭海》中給「記憶」下的定義是：對經歷過的事物能夠記住，並能在以後再現（或回憶），或在它重新呈現時能再認識的過程。它包括識記、保持、再現或再認三方面。

從信息論的角度看，識記是大腦皮層內信息的輸入與獲得；保持是大腦皮層內信息的編碼和儲存；而重現是信息的提取和運用。記憶的這三個環節是相互聯繫和相互制約的。

正是因為有了記憶的功能，人類才能創造出語言、文字、書刊、錄音、錄像等記憶載體，從而用工具記憶來代替人腦的記憶。正如瑞士心理學大師卡爾·榮格所說：「人類的所有思想不過是人類的集體回憶而已，人類歷史也是如此。」

記憶是智慧的積累，人類社會的所有思想是人類集體的記憶

表現，一個人的思想也需要一個人的記憶來表現。

許多著名的人物都有着非凡的記憶力。著名的橋樑專家茅以升可以背出圓周率小數點後面百位精確的數字。

著名植物學家吳徵鎰在十年動亂中，在缺乏資料和標本的情況下，全憑記憶力完成了近七十萬字的兩部著作。

拿破侖對於當時法國海岸所設置大炮的種類與位置，都能正確記憶，並且能輕而易舉地指出部下報告中的錯誤。甚至各郵政驛站間的距離他也清楚記得，比當時法國的郵政大臣還厲害。

俄國偉大的生理學家謝切諾夫說，記憶是「整個心理生活的基本條件」。

鈴木大拙先生在他所著的《何謂禪》中有這樣一段精闢的論述：「所謂的經驗是屬於人類的特徵之一，它來源於人類的記憶。人類的記憶是非常重要的，無論人的各種思維還是想法都是以記憶為基礎的。正因為人有記憶才會有經驗，因為有經驗，才能沿着正確的道路不斷前進。記憶是基礎，由此產生經驗。人之所以稱為人，區別於動物的地方就在於人能積累經驗。」可見，記憶在智力結構中佔有重要地位，是智力活動的基礎。人的智力結構中的所有因素都離不開記憶，沒有記憶，無論是觀察、想像、思維，都無法進行。因此，每一位父母都應該重視孩子記憶力的培養。

孩子記憶力的特點

17 世紀捷克著名教育家夸美紐斯指出：「假如我們能夠記得所曾讀到、聽到和我們的心裡所曾欣賞過的一切事物，隨時可以應用，那時我們便會顯得何等的有學問啊！」記憶力是智力的一種表現，因此，記憶力對孩子的學習非常重要。記憶力好的孩子，能很快記住課本上的知識，甚至那些非常複雜的數字和公式，所以，他們學得輕鬆，而且成績好。而那些記憶力差一點的孩子，往往要花費更多的時間去背書，有時候，他認為自己記住了，但是，考試時還是會忘記，這樣，成績自然處於中等水平。

孩子正處於身心快速發育的時期，他們的記憶力與成年人不太一樣。了解孩子的記憶力特點，有助於父母有針對性地提高孩子的記憶力。

一般來說，幼兒時期的孩子往往以無意記憶為主，形象記憶佔主導地位。這個時期的孩子，往往對生動、有趣、活潑的事物非常感興趣，因為這些事物能夠引起他們的情緒反應，只要重複出現幾次，孩子就能夠毫不費力地記住它們。比如，自己喜愛的玩具、媽媽的某件物品、喜歡吃的某種食品等。但是，這種無意記憶及形象記憶，往往是經不起時間考驗的。

心理學研究表明，0 至 4 歲的孩子，他們記憶力的一個特點就是容易遺忘，因此，大部分人記不住 3 歲以前的事情，這被心理學家稱為「人類幼年健忘」。如果家長希望在這個時期開發孩子的記憶能力，那麼，只能通過形式的變化及不斷重複來吸引孩子的注意力，從而幫助孩子記住某些重要的內容。

隨着孩子年齡的增加，記憶力的特點有所改變。4 歲後的孩子往往能夠記住許多事情，有些事情甚至會終生難忘。當然，這個年齡段的記憶基本上還是屬於形象記憶。因此，家長應該在這個時期通過不同形式及運用一些有意思的遊戲來吸引孩子的注意力，開始有意識地開發孩子的記憶能力。

到孩子 5 至 6 歲時，有意記憶就有了發展，他們不僅能夠記住一些東西，而且能夠回憶出來，還會運用一些方法來幫助自己加強記憶。同時，這個年齡段的孩子，對於詞語的記憶產生了興趣，他們喜歡去記憶一些有意思的詞語，如果父母能夠把詞彙通過生動的講解和形象化的比喻讓孩子理解，孩子會識記得更快。因此，對於這個時期的孩子，家長就要加強培養孩子的有意記憶能力。

孩子上學後，有意記憶開始佔主導地位，而且，從記憶方法來說，由於孩子抽象思維能力的發展，孩子會越來越傾向於意義識記，逐漸從機械記憶過渡到意義記憶。他們對於需要識記的材料會努力去理解，然後進行信息加工，從而達到記憶的目的。

對這個年齡段的孩子，記憶力的培養更是必不可少，同時需要加入一些專業的記憶力訓練以保證孩子的記憶力適應學習的需要。

十四五歲的孩子記憶力發展達到最佳時期。這個時期的孩子，不僅能夠自覺運用有意記憶，而且能夠有效地使用機械記憶來幫助自己記憶一些必須記憶而又沒有意義的內容。這個時期的孩子，抽象記憶快速發展，甚至超過形象記憶。而且，他們已經學會運用一定的記憶策略來幫助自己達到記憶的目的，比如自我暗示、排除干擾、手腦並用、閉眼回憶等。

當然，影響孩子記憶的因素有很多，這些因素直接影響到記憶內容的保存時間和保存深度。一般來說，主要有以下幾種因素：

1. 情緒狀態

大量的科學實驗表明，孩子的情緒狀態對孩子的記憶力有很大的影響。積極的情緒狀態，或者能夠引起孩子積極情緒體驗的事物，記憶保持的時間就較長。消極的情緒狀態，或者能夠引起孩子消極情緒體驗的事物，孩子的記憶也可以保持較長的時間，但是，這對孩子的成長是不利的。當然，無法激發孩子任何情緒反應的事物，就很難記住。因此，早期記憶力培養的關鍵是助長孩子的興趣和熱情，幫助孩子找到快樂的情緒體驗。

2. 感知程度

能夠引起孩子興趣的事物，往往能夠激發孩子主動去感知的動機，從而讓孩子了解得越深，記憶得越深。無法激起孩子興趣的事物，或者孩子不願意去感知的事物，往往無法讓孩子記住。

3. 理解程度

一般來說，對事物理解越深，記憶就越深入，記憶的時間也越長。對於晦澀難懂的記憶內容，孩子往往記不住。

4. 記憶對象的特點

大部分情況下，越是形象鮮明、生動活潑的事物，越能夠引起孩子的好奇心和興趣，從而能夠給孩子留下更加深刻的印象；相反，單調死板的事物，對孩子來說只是過眼雲煙，很少會給孩子留下什麼印象。

總的來說，孩子的記憶力經歷了一個從無意記憶到有意記憶、從形象記憶到抽象記憶的過程，父母的任務就是幫助提高孩子記憶事物的興趣，幫助孩子學會有效地使用有意記憶，促進孩子的智力發展。

當然，記憶力的培養是一個長期的過程，需要父母不懈地堅持培養和訓練。只有從小培養孩子的記憶力，才有可能最大限度地挖掘孩子的記憶潛能，讓孩子利用記憶工具去積累知識、獲取各種各樣的經驗。

記憶力需要培養

英國教育家斯賓塞說過：「一切智慧的根源在於記憶。根據『用進廢退』的原理，早期教育可以使記憶力發展的時間大大提前。」

一個人的記憶潛力是非常大的。美國科學家研究表明，如果一個人始終好學不倦，他的大腦所能儲存的各種知識，將相當於美國國會圖書館藏書知識的 50 倍。而美國國會的藏書有一千多萬冊。可見，一個孩子學習需要記憶的東西，只使用大腦倉庫的極小一部分。

人腦之所以能有這麼大的記憶容量，同它的精細結構有關。因此，一個人活到老學到老，也只佔用了自己大腦信息儲量的一丁點兒。

許多人認為，孩子的記憶力是天生的。事實上，這種說法是錯誤的。孩子記憶力不僅與遺傳因素有關，更重要的是與記憶的條件、方法有關。許多父母以為孩子老記不住是因為資質比較愚鈍，其實不然，大多數孩子記憶力差，是由於沒有掌握記憶的規律，缺乏正確的記憶方法。只要家長有意識有目的地培養，孩子的記憶力是能夠提高的。

據意大利《晚郵報》報道，意大利一所大學三名教授進行了這樣的一項實驗：他們挑選了一位記憶力中等的青年學生，讓他每星期接受三至五天的訓練，每天花一個小時背誦由三個數至四個數組成的數字。每次訓練前，他如果能一字不差地背誦前次所記的數字，就給他再增加一組數字。經過 20 個月約 230 小時的訓練，他起初能熟記 7 個組合數字，以後增加到 80 個互不相關的數字，而且在每次練習時幾乎能記住 80% 的新數字，這使得他的記憶力能夠與一些具有特殊記憶力的專家相媲美。

20 世紀的美國心理學家胡德華斯教授也做過這樣一個實驗：他選了一群具有同等記憶力的人，將他們分成兩組，一組接受記憶方法的訓練；另外一組則不接受訓練。經過一段時間後，胡德華斯教授讓兩組人員記同樣的內容。結果，接受記憶方法訓練的成員的成績明顯要好於沒有接受訓練的那組的成績。

可見，記憶力是鍛煉出來的。只要父母注重培養孩子的記憶力，就能夠讓孩子更加輕鬆地去感知各種需要記憶的內容，達到輕鬆記憶的效果。

目前，智力開發成為孩子早期教育的重點，許多孩子在父母過重的壓力下去開發智力，結果失去了學習的樂趣和興趣，這種方式實際上是錯誤的。

英國教育家斯賓塞說過：「孩子天性是快樂的，在對孩子的教育中，只有把快樂融入其中，才符合孩子成長、發展的規律，任何使孩子產生苦惱的家教都是不正確的。」因此，父母在培養孩子記憶力、訓練孩子記憶力的時候，也要講究方式方法。

明智的父母應該把培養孩子的記憶力作為一項長期的、有意識的工作來進行，在日常生活中，有意識地給孩子設置一些記憶任務，讓孩子的記憶力在不知不覺中得到培養。同時，可適當運用一些孩子喜歡的遊戲來訓練孩子的記憶力。隨着孩子年齡的增長，孩子的有意記憶不斷提高，父母應該讓孩子了解一些記憶方法，幫助孩子掌握記憶的規律，學會運用一定的記憶策略，更好地去記憶重要的知識。

據《新科學家》雜誌報道，具有超常記憶力的人並不是天生的，而是他們的記憶方法與眾不同。倫敦大學研究小組發現，具有非凡記憶力的人並不是因為他們的智商高，也不是大腦結構有什麼特別，他們記憶力好的原因是因為使用了正確的記憶方法來記住要記的內容。可見，記憶力訓練和記憶方法的使用是提高記憶力的關鍵。

測測孩子的記憶力

記憶力是構成智力的一個重要因素，是學習的重要前提。好的記憶力表現在四個方面：記得準確，記住得快，記得持久，能夠回憶。

記憶力強的孩子學習新知識比較輕鬆，也顯得比較聰明。人的知識經驗的積累，熟練技巧的獲得，都必須通過記憶。

你的孩子記憶力如何？下面的測試就是來了解孩子的記憶力狀況的。

1. 機械記憶力的測試

下面列出的三行數字，每行 12 個，請孩子任選一行，並在一分鐘內讀完（平均每五秒鐘讀一個數），然後再把記住的數字

寫出來（可以顛倒位置）。

73 49 84 63 57 18 96 82 44 73 27 19

45 38 92 82 65 35 46 25 67 18 95 37

54 68 24 64 59 42 17 38 72 86 94 51

得分：

本題根據記住的數字多少，測試孩子的記憶力。

12 個全部正確，優異；

8~11 個，良好；

4~7 個，一般；

4 個以下，很不理想。

2. 短時記憶力的測試

父母以正常的說話速度，按次序一排一排來唸以下數字，每唸完一排讓孩子跟着複述，看看孩子跟到第幾排就無法複述了。

5

36

985

8134

03865

173940

8377291

34820842

649320048

9385726283

83721547497

932624499284

4872058713339

93810492248113

837295720488820

9285720683004826

59275028148532811

得分：

本題根據複述行數的多少，測試孩子的記憶力。

15 行以上，非常不錯；

11~14 行，良好；

6~10 行，一般；

0~5 行，很不理想。

當然，第一次複述的行數相對較少，如果不斷訓練，每一次的複述行數應該比前次有所提高。父母可以與孩子一起多測試幾遍。

第一次成功行數：第 ____ 行

第二次成功行數：第 ____ 行

第三次成功行數：第 ____ 行

3. 長時記憶力的測試

父母準備 50 個無意義聯繫的漢字卡，這些漢字如下：

過　好　氣　國　口　是　水　土　面　祝　月　法　學

地　廠　邊　山　衣　打　民　話　手　草　風　包　多

新　白　紅　田　花　士　馬　頭　機　黨　志　書　河

日　大　黃　園　叫　人　力　車　樹　電　黑

父母把卡片給孩子，要求孩子用十分鐘記憶，然後收回卡片，讓孩子在白紙上把剛才記的 50 個漢字寫出來。然後，把卡片再給孩子，讓孩子對照卡片，看看自己有沒有錯誤的地方，然後再讓孩子在五分鐘內，把沒有記住的字記住，直到每個漢字都記住為止。

一週後，父母在孩子沒有準備的情況下再次要求孩子在白紙上寫下這 50 個漢字，看看孩子能夠記住多少個。每記住一個記一分。

得分：

40~50 分為優秀；

25~39 分為良好；

1~24 分為一般。

4. 聽覺記憶力的測試

以中等的速度朗讀下面 20 個詞語，每唸一個停頓 10 秒鐘，然後，讓孩子馬上寫下聽到的詞語。只朗讀一遍，寫對一個記一分。

上網　優秀　樓閣　生氣　幸福　新聞　閱讀　歸納　回答　藍天　聽覺　成績　蘋果　訓練　學校　和氣　任務　聯想　下雨　創造

得分：

16~20 分為優秀；

13~15 分為良好；

10~12 分為一般。

5. 朗讀記憶力的測試

隨機寫下 20 個詞語，然後讓孩子以中等速度大聲朗讀三遍，讀完後讓孩子把自己讀過的這 20 個詞語寫下來。記住一個記一分。

得分：

16~20 分為優秀；

13~15 分為良好；

10~12 分為一般。

6. 視覺記憶力的測試

讓孩子仔細看下頁圖中的物品約三分鐘，盡力記住它們，然後蓋上圖片，回想物品的名稱，並寫下來，不用考慮物品的順序。等所有能夠想起的物品名稱寫完後，翻開圖片進行對照，並計算自己的成績。答對一個記一分。

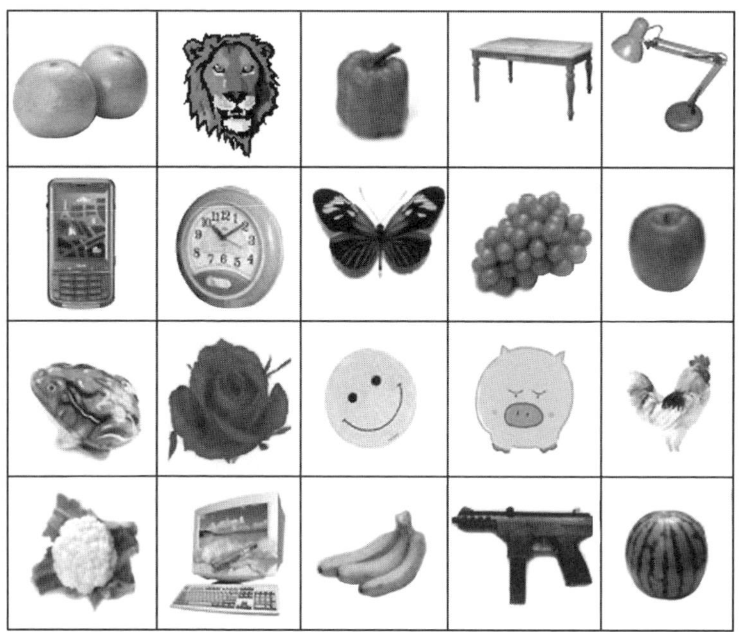

得分：

16~20 分為優秀；

13~15 分為良好；

10~12 分為一般。

7. 綜合記憶力的測試

準備好十件小物品（十件物品之間的關聯性最好不要太大），然後與孩子面對面坐下，把準備好的小物品依次拿出來給孩子看，同時，讓孩子高聲唸出物品的名稱。然後休息一分鐘，請孩子背出剛才展示過的物品。記住一個記一分。

得分：

9~10 分為優秀；

7~8 分為良好；

5~6 分為一般。

了解孩子的記憶類型，有助於父母有針對性地對孩子進行培養。每一位孩子的記憶類型都有自己的特點，記憶力主要是靠鍛煉出來的，正確的記憶方法可以提高記憶效果。只要父母注意觀察孩子，有意識地教給孩子一些技巧，孩子的記憶力就會不斷提高。

第1章

給孩子創造良好的記憶條件

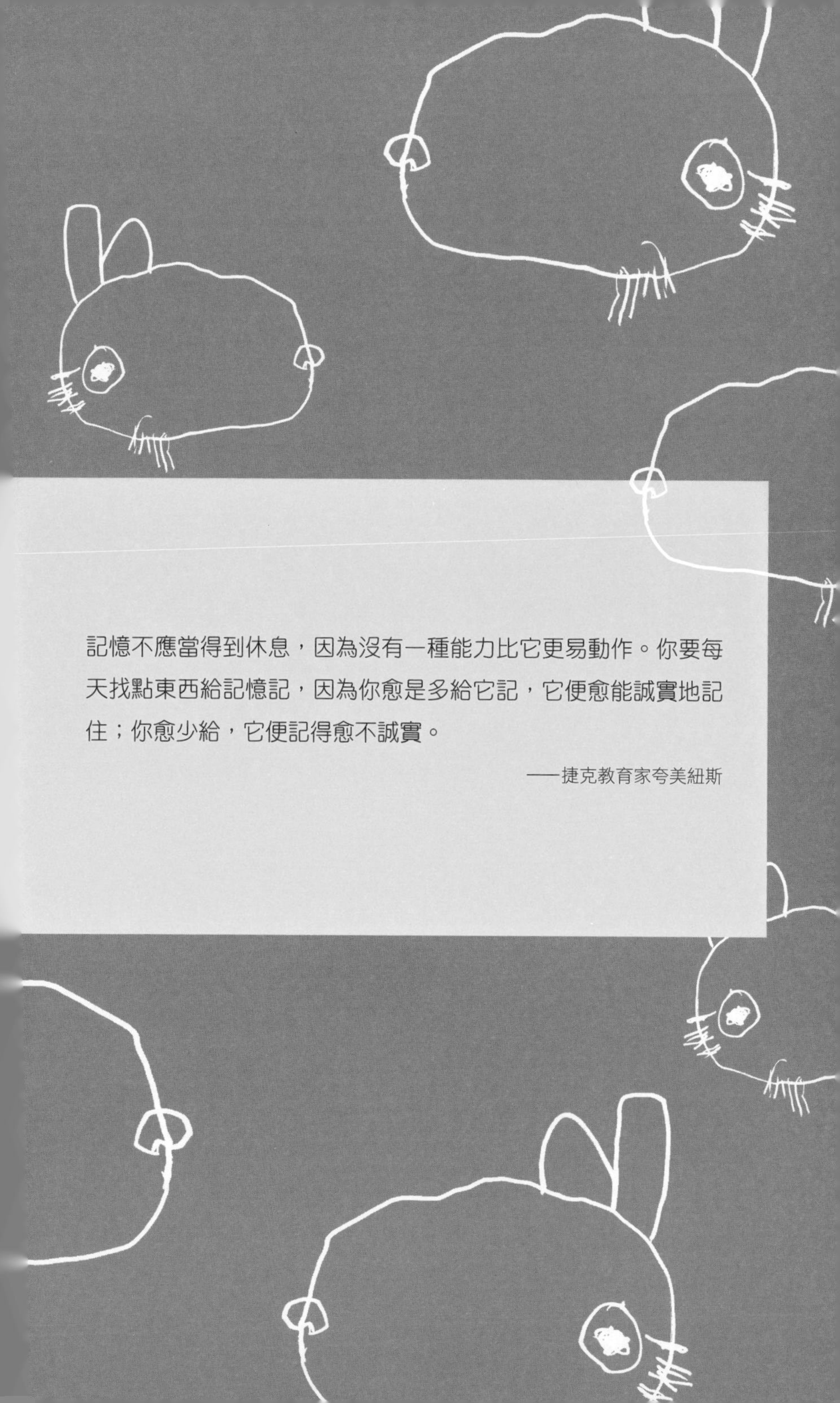

記憶不應當得到休息，因為沒有一種能力比它更易動作。你要每天找點東西給記憶記，因為你愈是多給它記，它便愈能誠實地記住；你愈少給，它便記得愈不誠實。

——捷克教育家夸美紐斯

第 **1** 種方法

給孩子一個安靜的環境

阿鋒上小學了，雖然他學習比較努力，但是記憶力很差，老師講過的東西記不住，學過的東西很快就忘。父母交代的事情阿鋒也從來不放在心上。每次媽媽問他為什麼沒做媽媽交代的事情時，阿鋒總是不好意思地對媽媽說：「我忘了。」

後來，媽媽觀察了阿鋒的學習情況，發現他做事情總是不專心，看書、寫作業時一會兒要找東西吃，一會兒又看牆壁上的畫；有時候甚至一邊寫作業，一邊看電視。阿鋒的奶奶總是不斷去看孫子，不是給他拿杯牛奶，就是問他累不累什麼的，因此老師要求背誦的內容，阿鋒總是記不住。

良好的環境對於培養孩子的記憶力是非常重要的，尤其是年幼的孩子。一般來說，年幼的孩子缺乏自我控制的能力，他們無法做到在嘈雜的環境中靜下心來學習、記憶所學的內容。

有人說，記憶力等於注意力，雖然這句話並不十分正確，但是，想要很好地記憶所學的內容，首先就要集中注意力，把自己的精力全部集中在所要記憶的內容上，這樣才能夠專注地看記憶材料，從而去記憶這些材料。

因此，對於年幼的孩子，父母一定要創造一個獨立而安靜的環境，讓孩子專心致志地學習，這樣，孩子才會把所學的知識記住。

環境是促進記憶的一個重要方面。安靜的環境包括父母在孩子學習的時候，不要去干擾孩子，不要在孩子旁邊走動，也不要大聲說話、看電視等，以免使孩子分神。

同時，父母要注意孩子學習環境的佈置。房間內東西的擺放要整齊，雜亂無章容易干擾視線，影響記憶。因此，孩子學習的房間不要佈置太多刺眼的干擾物，物品擺放要整齊，孩子的桌面上不要擺放過多漫畫、玩具等容易吸引孩子注意力的東西；牆壁上不要張貼許多與學習無關的東西，以免孩子的注意力被周圍的東西所吸引。

房間內的採光也很重要。採光過於明亮或過於陰暗，都會使眼睛產生疲勞感。如果熒光燈忽明忽暗地閃爍，不僅會影響孩子的視力，而且會讓孩子覺得焦慮而影響注意力。

學習時坐的椅子對記憶也有一定的影響。心理學家做過這樣一個實驗：讓第一組人坐在舒適的椅子上，甚至允許他們半躺着讀書；第二組人坐在硬板櫈上，從事緊張的演算工作。結果，第一組人很快就疲倦了，出現了昏昏欲睡的感覺；而第二組人則精神亢奮。對比後發現，第二組人的記憶效果要比第一組人高出10%。心理學家把這種情形總結為「緊張狀態」理論。它表明人在一定的緊張狀態下反而能夠集中注意力。當然，這種緊張的狀態有個度，過於緊張就會讓孩子產生無所適從的感覺，從而出現注意力渙散、記憶力下降的情況。

房間內的色彩對孩子的情緒有一定的影響。比如，紅色、黃色能夠讓人情緒高昂；藍色讓人覺得冷靜而沉穩；綠色讓人覺得心神安寧；灰色會讓人覺得孤獨而冷靜。一般來說，像藍色、綠色等冷色系有利於孩子保持情緒冷靜。

當然，對於年齡較大的孩子，可適當允許他們在輕柔的背景音樂下學習，因為節奏緩慢、變化少的音樂能夠幫助記憶。

有條件的父母可以經常帶孩子到圖書館等公共學習的場合，讓孩子切身感受安靜學習、專注學習的場景，這對孩子控制自己的學習行為有很大的幫助。

第2種方法

不要給孩子過高的壓力

有這樣一位家長，由於種種原因沒有機會上大學，他就希望自己的孩子能成為有知識、有出息的人。

這種想法本來無可厚非，但是，這位家長對孩子要求很高，管得很嚴。孩子在家長的督促下，學習一直很努力，學習成績也一直不錯。

儘管如此，這位家長對孩子的學習還是放心不下，時時提醒孩子要爭氣，並不斷給孩子提出更高的要求。

「你要給父母爭光呀！」

「你一定要考上大學呀！」

……

這位家長要求孩子必須在班級裡是前三名，有時，孩子達不到要求，他就冷言冷語地譏諷孩子。久而久之，家長不斷的埋怨、批評，讓孩子感到沉重的壓力，又不敢對父母講，因為孩子與父母之間的話題只有學習和成績。於是，孩子逐漸喪失了對學習的信心，不管孩子怎麼「努力」學習，收效卻甚微，高中畢業時，這個孩子已經沒有了參加高考的勇氣。

父母對孩子都寄予一定的期望，「望子成龍，望女成鳳」是家長們的共同心願。但是，期望太高，不僅不能促進孩子成長，反而會讓孩子感受到巨大的心理壓力，從而打擊孩子的學習信心，使孩子無法記憶學過的內容。

心理學家曾經做過這樣一個實驗：

先要求被實驗者在七分鐘內儘可能地回憶並寫下前三週所有愉快的經歷，然後，再要求他們在七分鐘內儘可能地回憶並寫下前三週所有不愉快的經歷。

寫完後，把兩張紙收起來，沒有給被實驗者任何壓力和暗示。

三週後，再次把被實驗者集中起來，讓他們重複三週前的實驗。

通過對照兩次填寫的表格發現，愉快的經歷更能讓人留下深刻的記憶。

對於壓力的問題，一位清華大學的學生曾經打過一個比方：「吃過高壓鍋煮的飯嗎？鬆軟可口。喝過高壓鍋煨的各種肉湯嗎？肉爛湯鮮。知道為什麼嗎？正因為那是用『高壓』鍋做的。這個比喻也許不太恰當，但我想說的只是這樣一個意思：高壓能造就人。我要說明的一點是，我所說的『減輕壓力』並不是說讓你去減輕外界壓力，而是保持心態平衡。」「我贊成外界的壓力，為什麼說『自古英才出貧家』，紈絝子弟沒有生活壓力，也就沒有了吃苦耐勞的品質，當然無法成才。」

適度的壓力對孩子來說是必要的，尤其是年幼的孩子，他們還缺乏學習的真正動機和目標，因此父母需要鼓勵孩子學習。但是，當孩子進入中學後，他們自己已經有了一定的學習目標和方向，父母若還是不斷給孩子施加壓力，只會使孩子不堪重負，從

而出現注意力渙散、記憶力下降的情況。

美國教育家斯賓塞曾說：「身為父母，要儘量留住孩子最寶貴的興趣與好奇心，注重對孩子思維能力的訓練。但絕不能用考試分數去判斷一個孩子的優劣，更不能有以此為榮辱的意識。」如果因為父母的施壓而把孩子學習的興趣給扼殺了，那麼，孩子即使記住了許多知識也是得不償失的。明智的父母一定要保護好孩子的學習興趣，讓孩子在愉悅的心情下去學習，這樣，孩子在記憶學習內容時就比較輕鬆。

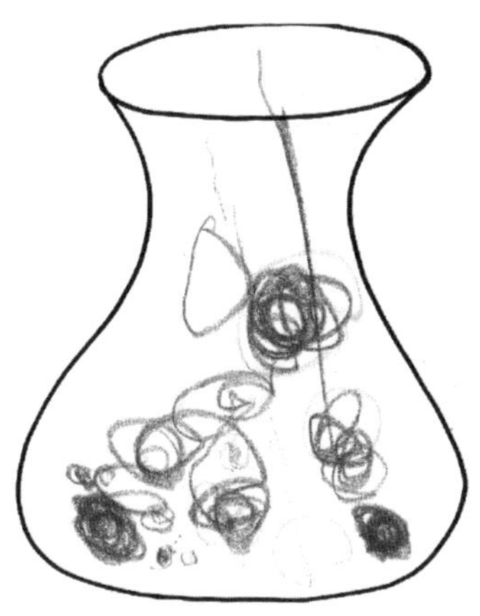

第3種方法

找到孩子的最佳記憶時間

鄧馳的媽媽在抱怨：「我家馳馳的記憶力真差，人家孩子對學過的內容總是記得很牢，他卻總是一問三不知。為了讓他記住學過的知識，我讓他每天晚上 8 點睡覺，早上 6 點起床學習，誰知道他總是不住地打瞌睡，不僅記不住什麼，連白天上課都沒有精神了，這可怎麼辦呀？」

每個人的最佳時間是不一樣的，但是，一般來說，早晨和晚上睡覺之前是記憶效果比較好的時間。

很多人習慣早起晨讀，因為早晨的空氣最新鮮，人經過了一夜的休息，清晨起床後頭腦裡沒有什麼雜念和干擾，容易接受知識、記憶東西。

美國哲學家愛默生說：「我一般會在清晨讀一些詩歌或散文，在黃昏讀一些小說或雜記，每當頭腦特別清楚的時候，我就抓緊時間來做讀書筆記，因為這樣難得的時間一定要記些東西才好。」

對於小學生來說，讀書效率最高的時間應該是早晨。

而根據心理學研究，睡眠中，記憶力是不會下降的。因此，睡覺之前記憶材料，可以減少其他事物的干擾，從而可以減少遺忘。

也有的人在早晨的時候讀書效率最低，在上午這段時間效率最高。科學家研究結果表明，大多數人頭腦最靈活、注意力最集中、記憶力最好的時段是在上午。

一般來說，下午的時候，由於經過一上午的緊張學習和思考，大腦處於相對疲勞狀態，需要調節和休息。因此，下午的學習效率相對會差一些。

另外，為了提高下午的學習效率，可以讓孩子在午間稍微睡一會兒，打個盹，這樣有利於大腦休息，提高下午的學習效率。

對於中學生，尤其是高中生來說，大部分人屬於「夜晚型」，喜歡在晚間讀書。但人們大多認為早晨讀書比較適合青少年。

當然，晚上讀書還是早晨讀書是可以調整的。

法國一位教育學者曾經說過：「人從事某種工作，效率最高的時間是新陳代謝最旺盛的時候。這時候的特點是體溫上升。所以，夜晚型的人，如果想變成早晨型，起床以後就該做做體操或散散步（達到稍微流汗的程度），以此使體溫上升。這樣一來，腦筋就變得清爽，讀書意願也比較容易產生。這樣的習慣只要持續兩個星期，就可以達到目的。」

父母要幫助孩子找出最佳的記憶時間。如果孩子在早上記憶效果好，可以讓孩子在早上聽一些英文歌曲、詩歌、優秀的散文等，然後引導孩子學習一些知識，當然，要注意引起孩子的興趣；如果孩子在晚上睡覺之前記憶效果好，可以讓孩子在睡覺之前記憶一些內容，然後讓孩子在第二天醒來後進行回憶，這樣可以讓孩子在他的最佳記憶時間裡固定地識記、背誦、理解，直至完全記住。

美國著名的記憶研究專家赫伯特・博蘭在訓練他女兒的記憶力時，發現女兒頭腦最清醒的時間是每天清晨 4 點以後的幾個小時。因此，每天到了這個時候，他總是喚醒女兒，讓她讀書。他說：「訓練記憶的第一件要事，就是決定每天該在什麼時間來記憶。」

當然，每一個孩子的情況都不一樣，父母不用要求孩子一定在早晨來記憶，如果孩子確實是晚上的記憶效果比較好，那麼，父母只要讓孩子保證睡眠和休息即可，讓孩子在自己最佳的記憶時間內去學習是最好的策略。

第 **4** 種方法

讓孩子相信自己的記憶能力

有一個十歲的男孩一直想當一名歌星，但是，他的第一位老師對他說：「你五音不全，不能唱歌。你的歌簡直就像是風在吹百葉窗，難聽死了。」

回到家裡，男孩很傷心，就向他的母親哭訴這一切。

母親抱着他，輕輕地說：「孩子，其實你很有音樂才能。聽一聽，你今天唱的比昨天好多了，媽媽相信你會成為一名歌唱家的！」

聽了媽媽的話，孩子的心情好多了。在以後的日子裡，有了媽媽的鼓勵，孩子變得自信起來，最終成了著名的歌唱家。他就是恩瑞哥·卡羅素。

卡羅素回憶自己的成功之路時這樣說：「是母親肯定的話，讓我有了今天的成績。」也許卡羅素的母親從來沒有想到自己的兒子能真的成為歌唱家，也沒有指望過憑自己的三言兩語能改變兒子的命運，然而，正是她的鼓勵，激勵了孩子，使他成為一位名人。

自信可以激發一個人的上進心，也可以促進一個人的記憶力。美國心理學家胡德華說：「凡是記憶力強的人，都必須對自己的記憶力充滿信心。」

在司湯達的小說《紅與黑》中，女主人公朱莉安受人之託傳送一封長信時，為了防止中途出事將全文默記在心。託信的人問她：「你真能完全記住？」她答道：「只要我不怕忘記，就記得住。」

著名數學家陳景潤先生在回憶他中學時代的學習生活時就曾說過：「當時我能把數理化的許多概念、公式、定理、定律一一裝進自己的腦海裡，隨時拈來應用。有一次，化學老師要同學們把一本書背下來，同學們都感到很困難，但我卻覺得這很容易，多花點工夫就可以記下來，怕什麼？果然沒幾天，我就把全書背誦記牢了。當時我認為，我們青年人，知識面有限，理解能力較差，記憶力特別強，必須背誦許多知識，將來使用時就會左右逢源，一呼百應，十分得心應手了。」

一個人的記憶力強弱與天賦有關。大腦皮層的神經系統比較靈活的人，往往很容易建立暫時神經聯繫，記憶力也相對較強。但是，人的記憶力主要在於後天的培養和訓練。

許多孩子之所以記憶力不佳，不是因為先天遺傳，而是由於對自己的記憶力缺乏自信。在面對一個要記的材料時，這些孩子常常想：「多難記啊！」「這麼多內容，我能記住嗎？」其實，這種想法是提高記憶力的最大障礙。

生活在複雜的環境中的人，遇事抱有樂觀的態度，不僅心理承受力強，而且能以樂觀的態度去贏得成功的機遇和希望。長期的自卑會使人精神脆弱，整天憂心忡忡，對工作和學習失去信心。這足以使一個對生活沒有經驗、持悲觀態度的幼小心靈產生恐懼，從而喪失學習的主動性。如果處理不當就會出現父母不願意看到的不良後果。因此，孩子在成長過程中需要樂觀情緒的鼓舞，父母一定要鼓勵孩子對自己充滿信心，以樂觀的態度去學習。

日本學者保阪榮之介先生少年時特別喜歡玩，諸如上山捉鳥、下河捕魚等，但是，他就是不愛學習，學習成績總是在下游。

初中一年級時，全校 500 名學生中，保阪榮之介的學習成績排在第 470 名，以至於老師認為保阪榮之介是腦子愚笨的學生，已經無藥可救。但是，保阪榮之介的父親卻不這麼認為，父親常常鼓勵他說：「你無論是下河捕魚、上山捉鳥，還是下棋等都幹得非常出色，這就說明你的頭腦比一般人好。如果把這種精神用到學習上，成績肯定會提高的！」

聽了父親的鼓勵，保阪榮之介的信心越來越大，同時，為了提高自己的學習成績，不再受到他人的冷眼，保阪榮之介決心好好學習。

保阪榮之介從初二暑假開始努力學習和補課，很快，他的成績就追上來了，後來，他的學習成績一直保持在前 10 名，最後考上了大學。

工作後，保阪榮之介長期從事智力開發研究和應用工作，並擔任了日本能力開發研究所所長，成為日本知名的學者。

要記住什麼內容，首先要確信自己有信心能夠記住它。沒有記憶信心，腦細胞的活動就會受到抑制，記憶能力就會減退。這種現象被心理學家稱為「抑制效應」。

抑制效應是這樣的：沒有記憶信心→腦細胞活動受到抑制→記憶能力減退→自信心更加喪失……週而復始，記憶能力就會越來越差。

因此，父母應該多鼓勵孩子，讓孩子相信自己的記憶能力，培養孩子高度的記憶信心。

有一個小學生，為每天記憶英文單詞而煩惱。後來，他把單詞一個一個寫在紙上。每記住一個單詞，他就把紙撕碎扔進垃圾桶裡，同時大聲叫道：「我又記住了一個單詞！」就這樣不斷訓練，這個孩子的記憶力竟然大大提高了，記憶單詞的時候不再像以前那麼費力了。

可見，父母要鼓勵孩子進行積極的自我暗示，比如，在每次背誦課文之前讓孩子不斷在心中默唸：「我一定能記住！」那麼，孩子給了自己一個「我能行」的暗示。這樣，面對那些不是很擅長的知識領域，他也能夠信心百倍地去面對，自然能夠記得多、記得牢。

第5種方法

把背誦當成一種習慣

捷克教育家夸美紐斯說過：「你要每天找點東西給記憶記，因為你愈是多給它記，它便愈能誠實地記住；你愈少給，它便記得愈不誠實。」

一位媽媽說：「我不希望我的孩子整天背誦兒歌、唐詩，我不希望他的腦子被這些無用的知識填滿，我只希望他能夠快快樂樂、健健康康的。」

許多父母都會讓年幼的孩子背誦唐詩等，這實際上是一種鍛煉孩子記憶力的好方法。誠然，每一位父母都希望孩子能夠健康快樂，但是，這與讓孩子學習、記憶一些知識並不矛盾。

在大部分父母的眼裡，學習就是為了應付考試，而這種應付考試式的學習是沒有快樂可言的，因此，他們擔心自己的孩子會過早地被學習奪走快樂的童年。

實際上，孩子的智慧潛力，遠比我們大人想像的要大得多。關鍵是看父母怎樣去開發，是否掌握了一套開發孩子潛能的科學方法。

中國歷史學家韓國盤認為，勤學多背是讀書的好方法。他說：「從小學時起，老師就要求學生把課文讀得滾瓜爛熟，篇篇能夠背誦。不但語文要背，算術公式也要背，自然、政治等主要內容還要背。這是在鍛煉我們的記憶能力。良好的記憶力是成才的先決條件。背誦雖不大容易，但也不算什麼難事。只要能經常堅持背誦，日子久了就養成習慣了。」

馬克思從少年時代開始，堅持不斷地用一種自己不太熟悉的外語去背誦詩歌，有意識地鍛煉記憶力。列夫・托爾斯泰也是採用背誦的方式鍛煉記憶力。他說：「背誦是記憶力的體操。」每天早晨，他都嚴格要求自己強記一些單詞或其他方面的東西，以增強記憶力。

在日常生活中，父母可以有意識地安排孩子在一定時間內背誦一些數字、人名、單詞等。比如，在八分鐘內，背誦要聽寫的一段課文；在兩分鐘內，背誦十個陌生的人名；在十分鐘內，背誦十個外文生詞。

時間一到，就停止背誦，檢查一下記住了多少。如果沒有完全記住，就在相同的時間裡，再背誦一次。如果父母能夠和孩子一起背誦，並進行比賽，效果就會更好了。慢慢地，孩子會發現，自己比別人記單詞的速度快，而且不容易忘記。這就是記憶力明顯提高的表現。

為了提高孩子的背誦樂趣，父母應該有意識地讓背誦變得更有意思，而不是簡單地要求孩子背誦。

一位媽媽這樣寫道：

為了讓孩子喜歡背誦，我採取了一些方法。每天晚上吃完飯後，我就對孩子說：「我要開始講故事了！」孩子馬上坐到我身邊來。於是，我先給孩子講一個故事，然後帶她背誦一段「古文」，接着，我們倆開始比賽誰背得快。背完後，我再讓孩子把我講過的故事複述一遍。就這樣，孩子不僅記住了許多故事，而且記憶力也越來越好了，從來不怕去記憶什麼內容。

英國教育家斯賓塞說過：「快樂遠遠比冷淡或厭惡有利於智慧活動。每個人都知道高興的時候所讀所見所聞的東西，比在漠不關心時所讀所見所聞的更容易記住。」如果孩子在快樂的情緒下去背誦，那麼，這種背誦就是有利的，對孩子的記憶力培養是有效的。

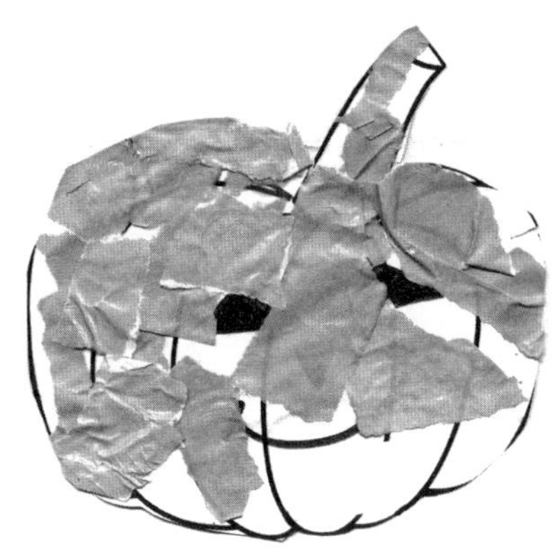

第6種方法

了解孩子的記憶類型

一位媽媽苦惱地問孩子的老師：「為什麼我的孩子總是無法記住您要求記憶的內容？」

老師問：「你是怎樣讓他去記的？」

「我知道你佈置了背誦的作業，就要求孩子在房間裡默讀，不要讀出聲，因為家裡還有老人，我不想讓他影響老人的休息，但是，我的孩子卻總是記不住這些內容。」媽媽回答。

「根據你的觀察，你的孩子最擅長的記憶類型是哪一種？」老師問。

「哪種記憶類型，我倒沒有注意過，這與孩子的記憶能力有關係嗎？」媽媽有點迷惑。

「當然有關係，如果你的孩子視覺記憶能力比較差，你單純地要求他通過默讀來記憶，效果肯定不好。」老師接着說，「每一個人的記憶類型都不一樣，不同的記憶類型，需要着重運用某種記憶方法來記憶。我建議你去觀察一下，看看孩子屬於哪種記憶類型，這樣，你可以幫助孩子用他最擅長的記憶類型來記憶。」

我們知道人有五種感官：視覺、聽覺、味覺、嗅覺、觸覺，通過這些感官所產生的印象或記憶是最初的記憶存盤，需要通過短期或長期記憶的存盤處理才會被記住，否則很快就忘了。

一般來說，記憶類型包括：視覺型、聽覺型、運動型和混合型。

1. 視覺型

這種記憶類型的人主要借助視覺來記憶事物。當然，即使是視覺型記憶的人，他們的記憶重點也有可能不一樣。比如，在記憶紅色的正方形和藍色的圓形時，有些人對事物的形狀印象較深，借助正方形和圓形來記憶；而有些人則對事物的顏色印象較深，借助紅色和藍色來記憶。

在所有記憶類型中，視覺型的人佔絕大多數，70%~80% 的人是依靠視覺來記憶的。比如，畫家、設計師、編輯等，他們的視覺記憶力特別強。

對於孩子來說，學齡前一般以聽覺記憶為主，上學後的孩子，視覺記憶能力逐漸增強。

2. 聽覺型

這種記憶類型的人能很好地記住聽到的內容。比如，有些人的音樂感非常強，有很強的節奏感和旋律感。盲人通常都具有非常發達的聽覺記憶能力。

現在，許多孩子從小就喜歡音樂，因此聽覺型的孩子越來越多。當然，聽覺記憶能力可以通過訓練產生。例如，電話接線員能分清很多不同人的聲音，尋呼台話務員能夠聽過一遍就記住電話號碼等。

3. 運動型

這種記憶類型的人通過動作來記憶事物。這類人的手很靈

巧，做過的各種動作或技巧都能馬上記住。

運動型記憶的特點是通過整個身體運動器官的活動來記憶，一旦記住就很難忘掉。例如游泳、滑冰、騎自行車等動作，一旦記住便終身難忘。

4. 混合型

混合型是指視覺型、聽覺型、運動型三種記憶類型的混合體。

實際上，每一個人都是混合型記憶類型的人，每個人都要用嘴讀，用耳聽，用手寫，以構成立體的印象。當然，每個人的這些記憶類型是不平衡的，大部分人都偏向於某一種類型。

對於年幼的孩子來說，他們的視覺記憶能力也有所側重，比如，對於圖像、色彩等比較敏感，而對於單一的文字則比較麻木。

有些孩子，雖然視覺記憶力並不特別強，聽覺記憶力卻很不錯。針對這種情況，父母要想辦法把需要記憶的內容運用聲音來表達。比如，一位媽媽發現孩子在背誦老師佈置的內容時總是很費力，但她發現孩子對自己說過的話，要求他做的事情記得非常牢。於是，這位媽媽就把老師佈置的記憶材料仔細地看了幾遍，然後用溫柔而有節奏的聲音去朗讀這些材料，並把它們錄下來。孩子聽媽媽朗讀的材料時，竟然沒聽幾遍就記住了！

可見，了解孩子的記憶類型後，父母就可以有意識地去幫助孩子借助最擅長的記憶力去記憶內容，從而樹立孩子記憶的信心，幫助孩子提高記憶力。

第 7 種方法

讓孩子愛上音樂

中國早期音樂論著《樂記》中說：「凡音之起，由人心生也。人心之動，物使之然也。感於物而動，故形於聲。」這裡所謂的「心」，其實是人的大腦。

科學研究表明，音樂能夠改變大腦的活動，改善大腦的作用，調節精神的緊張程度。孩子經常傾聽輕鬆的、愉快的、舒適的音樂，對孩子的大腦皮層以及大腦邊緣系統的活動大有益處。因為，在音樂的刺激下，孩子體內的一些有益的化學物質如乙醇膽碱的釋放量會增多，而乙醇膽碱被認為是大腦細胞之間信息傳遞的神經遞質，所以，乙醇膽碱的增多是增進記憶的動能，並能促進人體生理效應。

加拿大一項最新研究顯示，學習音樂的孩子比不學音樂的孩子有更好的記憶力。加拿大安大略省一所大學的心理學、神經系統科學和行為學教授勞雷爾．特雷納說：「研究顯示，如果你學習音樂，你的大腦運轉與沒有學習的人是不同的。研究首次顯示，接受音樂訓練的孩子與未接受音樂訓練的孩子在一年內大腦反應就會產生差異。」

研究者在一年中對兩組 4 至 6 歲的孩子進行了 4 次測試。其中一組學習音樂，另一組則不接受音樂訓練。測試內容有區別和聲、節奏和旋律的音樂測試及聽完一列數字後複述等記憶測試。結果發現，學習音樂的孩子的記憶力在短短4個月後就有了變化。

我們都有這樣的感覺，對於歌詞和樂譜我們很難完整地背誦出來，但是，只要我們聽到那熟悉的曲調，就會不知不覺地哼唱起來，歌詞也會脫口而出。

有一個 20 個月的小男孩，他的父親是一位出色的小提琴演奏家，經常在家里拉小提琴，播放優美的樂曲。小男孩就在音樂聲中一天天地長大。每當小男孩哭鬧的時候，只要樂曲聲響起，他就會停止哭鬧。有一次，家裡人不小心碰傷了小男孩，小男孩疼得大哭起來。這時，父親趕緊給他放音樂，不巧的是，當時電力不足，錄音機磁帶跑調了。小男孩的哭聲還沒有完全停下來，就哽咽着對父親說：「磁帶壞了！換一張別的吧！」而旁邊的保姆卻絲毫沒有感覺到磁帶跑調了。

目前，已經有許多專家認為：音樂具有開發右腦潛能、調整大腦兩個半球功能的奇特功效。

美國加利福尼亞大學戈登．肖教授將 78 名三至四歲智力相同的幼兒分成三組，一組學習莫扎特和貝多芬的樂曲，一組學習計算機，一組則不接受訓練。九個月後，戈登．肖教授用拼圖遊戲對這三組孩子進行智力測試，結果發現，學習音樂的孩子的得分平均提高 35%，而另兩組孩子則幾乎沒有提高。

在保加利亞、俄羅斯、美國、法國、加拿大等國家，都有以音樂幫助記憶的「超級音樂記憶法」。

保加利亞的拉扎諾夫博士以醫學和心理學為依據，對一些樂曲進行了研究，他發現巴赫、亨德爾等人的作品中的慢板樂章，

能夠消除大腦的緊張，使人進入冥想狀態。於是，他給學生們播放節奏緩慢的音樂，並且要求他們放鬆全身的肌肉，同時，合着音樂的節拍，向學生們朗讀需要記憶的材料。

學習結束後，他再給學生們播放 2 分鐘歡快的音樂，讓大腦從記憶活動中恢復過來。很多試驗過這種方法的學生都覺得記憶效果很好。

此後，保加利亞教育部集中 30 多位專家建立了拉扎諾夫學院，繼續研究這種學習法，不斷完善改進。使用這種方法學習的學生，能夠在四個月之內完成一般學生需要兩年才能學完的課程。加利福尼亞、華盛頓等地的實驗表明，這樣的學習效率能提高 7 倍。可見，音樂幫助記憶的方法確實稱得上「超級記憶法」。

因此，在早期教育中，父母應該及早讓孩子接觸音樂，多聽一些經典的曲子來陶冶孩子的情操，開發孩子的智力。諸如巴赫的《第二布蘭登堡協奏曲》和《平均律第一卷 C 大調》、貝多芬的《給愛麗斯》、海頓的第 101 號交響曲《時鐘》、莫扎特的《A 大調單簧管協奏曲》、《小夜曲》、《第二法國協奏曲》和《鋼琴奏鳴曲》等。

在孩子情緒急躁的時候，可以通過舒緩的音樂來幫助孩子調整心情；在孩子消沉的時候，則可以通過一些比較歡快的音樂來提高孩子的興致；在孩子學習的時候，可適當播放一些輕柔的背景音樂，幫助孩子排除其他噪音干擾，等等。

第 **8** 種方法

注重
孩子的飲食

阿健上小學了，學校就在他家附近。每天早晨，媽媽總是讓阿健吃得飽飽的，然後送阿健到學校。中午的時候，奶奶把阿健接回家吃飯，同樣是準備了豐盛的午餐。吃完午飯，奶奶再把阿健送回學校。下午放學，阿健回家的時候，還沒有開飯，為了不讓孩子養成吃零食的壞習慣，奶奶不讓阿健吃零食，讓他一直等着，直到爸爸媽媽回來一起吃飯。

結果，一段時間下來，阿健在上課的時候注意力不集中，記不住老師所講的內容；下午放學回家後，做作業時也因為飢腸轆轆而沒效果。

心理學研究表明，吃太飽或者空腹時，記憶力是最遲鈍的。

吃太飽時，胃部的活動比較旺盛，大腦的活動就相對遲鈍了，記憶力也會減弱。因此，吃完飯後不應該馬上進行記憶，應該先休息一會兒，等胃部的食物消化得差不多了再進行學習。

人空腹的時候，也是大腦活動較差的時候，因此，父母要提醒孩子，學習的時候，不要空腹，如果一時不能吃飯，可以先吃點小點心。

美國加利福尼亞大學的法拉德博士等人的研究表明，學習後立即吃飯能增加記憶力。因為，進食後，人體的消化器官能分泌出幾種激素至血液中，其中一種叫縮膽囊肽的激素能增強記憶力。科學家做過這樣的實驗：給實驗者在學習之後注射縮膽囊肽激素，結果發現，這些實驗者的記憶力大大提高。

另外，學習的時候不要飲水過多。科學家研究表明，人體下丘腦合成的抗利尿激素具有增強記憶的效果，當一個人大量飲水時，血液中的水分增多，滲透壓下降，血容量增大，這樣，下丘腦的滲透感受器興奮性下降，而容量感受器的興奮性增強，二者都會使下丘腦及神經垂體合成、釋放抗利尿激素減少，從而不利於大腦的活動。反之，當飲水量減少時，血液滲透壓提高，抗利尿激素大量分泌，它作用於大腦邊緣系統，從而增強記憶活動。可見，飲水量的多少可以調節抗利尿激素的分泌量，從而間接地影響記憶力。

在生活中，合理的、健康的飲食能有效地改善孩子的記憶力。

據說，日本有個「天才青年」上小學的時候就以一天一本的速度讀成年人用的書，甚至能熟練掌握34卷本的《世紀大百科詞典》，而且，他還能經常把內容顛倒過來讀。上中學後，他只讀那些專家才能讀懂的專業書，而且記得很牢。他以「天才的歷史學者」、「天才的地理學者」的美名譽滿日本。

據他自己說，在開始吃健腦食品之前，他智力平平，吃了健腦食品之後，他的智力才不斷提高。原來，他自幼就食用含有大量維他命C的麥綠素（把麥的嫩葉碾成粉末狀）等食物，從未間斷過。此外，他還一直食用能提高智商的含鈣製劑以及其他種類的健腦食品。

飲食不在多，而在精，在於能夠提供合理的營養。

雞蛋含有豐富的蛋白質、卵磷脂、維他命和鈣、磷、鐵等，是大腦新陳代謝不可缺少的物質。另外，雞蛋所含有的較多的乙酰膽鹼是大腦完成記憶所必需的。因此，每天給孩子吃一兩個雞蛋，對強身健腦大有好處。

動物肝、腎臟富含鐵質。鐵質是紅細胞的重要組成成分。經常吃動物肝、腎臟，體內鐵質充分，紅細胞可為大腦運送充足氧氣，能有效地提高大腦的工作效率。

魚類可為大腦提供豐富的蛋白質，不飽和脂肪酸和鈣、磷、維他命 B_1、維他命 B_2 等，它們均是構成腦細胞及提高其活力的重要物質。

大豆含有約 40% 的優質蛋白質和 8 種人體必需的氨基酸，可與雞蛋、牛奶媲美。同時，它還含有較多的卵磷脂、鈣、鐵、維他命 B_1、維他命 B_2 等，除了有助於生成新的腦細胞，防止老化，還可以給大腦和腦神經提供營養，是理想的健腦食品。

小米含有較豐富的蛋白質、脂肪、鈣、鐵、維他命 B_1 等營養成分，有「健腦主食」之稱。小米還有能防治神經衰弱的功效。堅果類食品，包括花生、核桃、葵花子、芝麻、松子、榛子等，含有大量的蛋白質、不飽和脂肪酸、卵磷脂、無機鹽和維他命，經常食用，對改善腦營養供給很有益處。

要想大腦更聰明，還要給孩子多吃菠菜、胡蘿蔔。菠菜是腦細胞代謝的優良營養品，其中所含的大量葉綠素具有健腦益智作用。胡蘿蔔含有大量以維他命 A 為主的多種維他命、無機鹽和鈣質等，營養豐富，被稱為「小人參」，是健腦佳品。黃花菜富含蛋白質、脂肪、鈣、鐵、維他命 B_1，這些都是大腦代謝所需要的物質，因此，它被人們稱為「健腦菜」。棗中含有豐富的維他命 C，每 100 克鮮棗內含維他命 C 380~600 毫克，酸棗則高達 1380 毫克。

水果類應多吃橘子和香蕉。橘子含有大量的維他命 A_1、B_1、C，屬於鹼性食物，可消除酸性食物對神經系統造成的危害，對健腦益智大有幫助。香蕉能預防神經疲勞，香蕉中含有大量的鉀，對維持人體細胞功能和酸鹼平衡以及改進心肌功能大有好處。

值得注意的是，孩子們愛吃的漢堡、薯條等屬於油炸食品，過多的食用這些食品，會抑制大腦的興奮，引起記憶力減退。方便麵、膨化食品中含有一些對身體有害的添加劑，長期食用會引起便秘和消化不良，還會使大腦機能減退。

第9種方法

鼓勵孩子適度運動

林臨要升初中了，爸爸媽媽好像比林臨還要緊張，畢竟要進一個好一點的中學不容易，而且這關係到林臨將來升高中、考大學。於是，爸爸媽媽給林臨規定：取消目前的體育活動，加強複習，準備應對升初中的考試。

但是，結果卻令爸爸媽媽很失望。本來活潑好動的林臨雖然每天坐在房間裡學習，學習效果卻很差，在最近一次的模擬考試中，成績反而有所下降。這讓爸爸媽媽覺得非常納悶。

事實上，體育運動是學習的興奮劑。張弛有度的學習，對科學用腦、提高學習效率是非常有好處的，也是非常必要的。林臨的父母禁止孩子參加一切體育活動，這無疑讓孩子的大腦無法得到調節。長時間疲勞用腦的情況下，學習效率自然就下降了。

體育運動的好處主要體現在：

首先，適當的體育運動，可以迅速消除大腦的疲勞。

生理學表明，腦疲勞與缺氧有關。而缺少體育運動、肌肉衰弱，是缺氧的重要原因。大腦需氧量佔人體總需要量的20% ~25%，所以缺氧對大腦影響很大。適當的體育活動，可促進血液循環，加速氣脈交換，使心臟輸出更多的含氧血液，從而使大腦得到充足的氧和養料，這樣會使疲勞迅速解除，從而使我們在學習中保持旺盛的精力。

其次，適當的體育運動，可以使孩子保持良好的心理狀態。

在運動過程中，大腦會釋放出一種物質——內啡呔。這種物質能使人產生輕鬆、愉悅的感覺。經常運動，其實也是心理調整的過程，能讓我們心情愉悅、精神旺盛地投入到學習中。

最後，適當的體育活動可以增強孩子的記憶力。

人的每個動作都是大腦指揮的，經常運動能提高大腦皮層的強度、均衡性和靈活性，協調興奮、抑制過程，可提高神經系統對疲勞的承受力，增強大腦皮層的分析和綜合能力，這正是一個人良好記憶力的基礎。運動後，大腦皮層興奮與抑制區轉換，大腦會興奮工作，記憶力可達到最佳狀態，在複習時自然理解得快，記憶得牢。

當然，充足的睡眠對於記憶力也是很重要的。根據巴甫洛夫高級神經活動學說的解釋，人們的聽、說、讀、寫各種學習活動，都由大腦皮層相應的區域主管，進行這些活動時，在大腦皮層相應的區域有相應的興奮點。如果興奮點長時間在「某一區域」，就會使該「區域」產生疲勞、注意力分散、反應能力降低、思維遲鈍、記憶力減退。

高質量的睡眠會增強記憶的關聯性，消除記憶的干擾性，鞏固對所學內容的識記。相反，熬夜則會降低記憶的效果。

研究人員發現，在學習和練習完新東西後好好睡一覺的人，第二天所能記起的東西要多於那些學習完同樣的東西後整夜不睡覺的人。

白天，孩子在正常的學習時間裡，大腦處於興奮狀態。神經細胞進行旺盛的新陳代謝，但這種興奮狀態是有限的，因為新陳代謝過程中，消耗的營養物質和堆積的代謝廢物越來越多，達到一定程度時，興奮就會減弱，產生疲勞感。這時必須讓大腦休息，補充神經細胞消耗掉的能量，排除堆積的廢物，這樣才能保證大腦第二天的工作。

很多孩子有考試前「加班」熬夜複習的壞習慣。其實，這樣會引起過度疲勞及精神緊張，對孩子的身體非常不利。而且，臨時強記那些知識的效果遠沒有平時的理解和積累好。所以，父母要提醒孩子，千萬不要拖欠功課。「臨陣磨槍，不快也光」，固然有些道理，但是平時積攢的功課要在一兩天之內消化，是不可能的事情。

第 **10** 種方法

教孩子學會逼迫自己

星期天，家豪在家裡做作業，他一邊做一邊埋怨：「老師也真是的，總是佈置這麼多的作業，這麼多單詞要求我們記住，週一還要測驗，這怎麼記得住呀？」

媽媽一看：「呀！整整兩頁呀？真是的，這麼多的單詞真的不好記。」

聽媽媽一說，家豪更加洩氣了：「都是老師，本來我這週可以去海洋館的，現在都泡湯了。」

儘管家豪一整天都坐在書桌前背誦單詞，但是，一點效果都沒有。到晚上的時候，他還在背誦第一頁。

兩項大滿貫得主瑪麗皮爾斯在獲 1997 年意大利網球公開賽冠軍後曾說過這樣一段話：「我花了很長的時間來訓練自己集中注意力的能力，現在我已經開始感覺到在這一方面的提高了。我想關鍵在於不去想過去和將來，不去想你會輸或者贏。在這以前我總是不能控制自己不去想這些事情。現在我所想的就是盡我最大的能力，做到最好。當我能做到這一點的時候，我就能打好球了。」

不管做什麼事，都需要較強的意志。當意志足夠堅強的時候，再困難的事情也會變得容易得多。孩子在讀書的過程中，往往需要記憶一些內容。在需要記憶的時候，他肯定會感到苦惱、厭煩，覺得自己無法記住。實際上，一個人的記憶潛能是非常大的，只要孩子能夠找到合適的方法，逼迫自己集中注意力，努力去記憶，那麼就能夠記住。

田中角榮曾經是日本的內閣總理大臣。

田中角榮小時候，家境非常貧寒。在上完小學後，父母無法繼續供他上學，他便失去了上學讀書的機會。

失學的田中角榮只得出去打工幫父母緩解家裡的經濟壓力。但是，在工作的過程中，田中角榮並沒有放棄讀書。他總是在業餘時間向人家借書看。為了讓自己學好英文和日文，他採用了一種奇特的方法。

當時，田中角榮每天都會背誦《簡明英和詞典》和日文詞典《廣辭林》。每天，他都會撕下一頁書，然後拚命地記這頁紙上面的單詞，記住後，他就把這頁紙扔掉。就這樣，兩本厚厚的詞典，變得越來越薄，最終，兩本詞典都變成了只有封面的空書。而這時，詞典裡的內容都已經裝在田中角榮的腦海裡了。

就這樣，他不僅記住了詞典的內容，而且鍛煉了非凡的記憶力。

田中角榮下定決心撕書，其實已經決定要記住每頁紙上面的內容了。而記住一頁內容相對比較容易，但是，最終他卻記住了整本詞典。這不得不依靠他較強的意志。

因此，在孩子對記憶缺乏信心的時候，父母應該鼓勵孩子樹立信心，堅定意志，幫助孩子逼迫自己來記憶。

看看一位媽媽的做法：

上一年級的孩子說：「媽媽，老師要我們記住這 20 個詞語，明天要默寫，怎麼辦呀？」

媽媽說：「我看看，嗯，這些詞語還是比較簡單的。媽媽教你一個方法，你肯定一下子就能夠記憶住的。」

於是，媽媽教孩子做了 20 張卡片，卡片的正面寫上詞語，反面寫上詞語的意思。然後，媽媽示範孩子看着詞語背詞語解釋，然後再看着詞語解釋背詞語。孩子高興地說：「媽媽，這個方法真好，我記住一個就把卡片收起來，卡片越來越少，我記得越來越多了。」

結果，半小時後，孩子就記住了這些詞語。

媽媽還讓孩子默寫了一遍，竟然一個都不錯。媽媽高興地表揚道：「你的記憶力真好！」

這位媽媽巧妙地讓孩子學會了運用自己的意志力去加強記憶，從此，孩子不僅不會厭惡記憶學習內容，而且增強了記憶的信心。

親子活動

找相同和找不同

1. 找相同

父母出示兩種或者兩種以上材料，讓孩子找出這些材料之間的相同之處。

2. 找不同

父母出示兩種或者兩種以上材料，讓孩子找出這些材料之間的不同之處。

這兩個遊戲的目的都在於提高孩子的注意力和記憶力。

按摩消除疲勞

1. 頭頂按摩

具體做法如下：先用兩手拇指按住兩側太陽穴，其餘四個手指抓着頭頂，以適中的力度用指肚從上向下，再由下至上直線按摩，這樣反覆上下，遍及頭頂，至少做十次。再用十指指尖接觸頭皮，從額部到枕部到頭頂進行梳理，做到頭部有發熱感為適宜。根據疲勞程度可以增減按摩次數。

2. 按摩「太陽穴」法

具體做法如下：坐在椅子上，挺直脊樑，心平氣和，做兩次腹式呼吸。然後，用兩手拇指分別按住兩側太陽穴。增加一定的力度，按順時針轉圈。根據大腦疲勞程度可以適量增加次數。

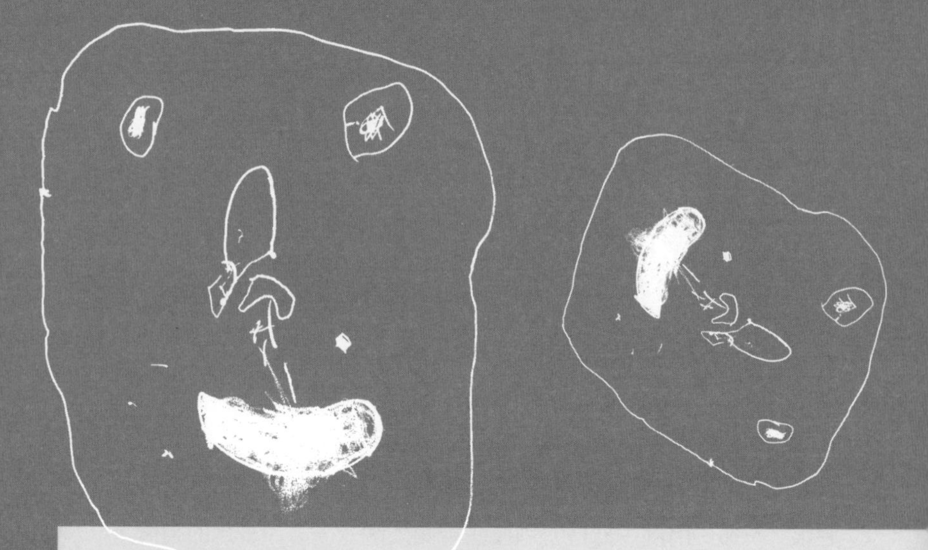

第2章

調動孩子的全部感官

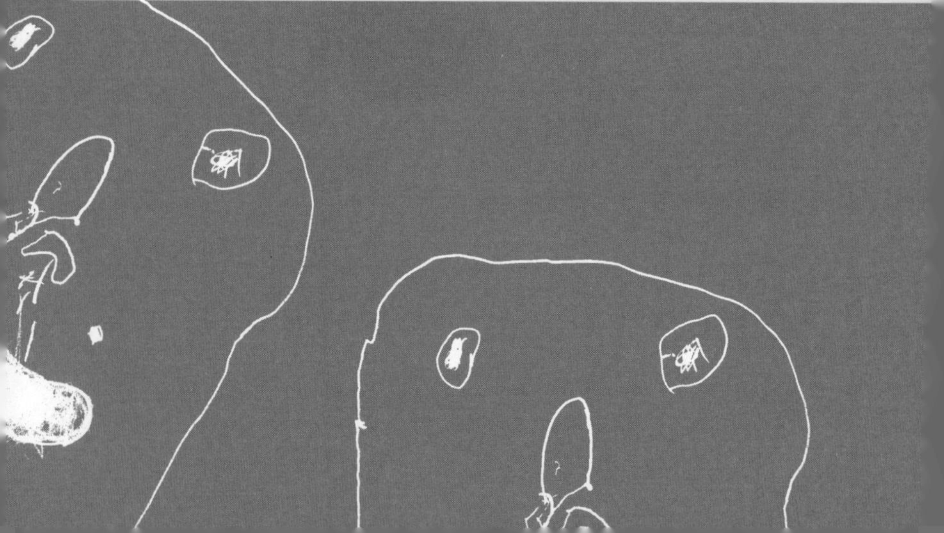

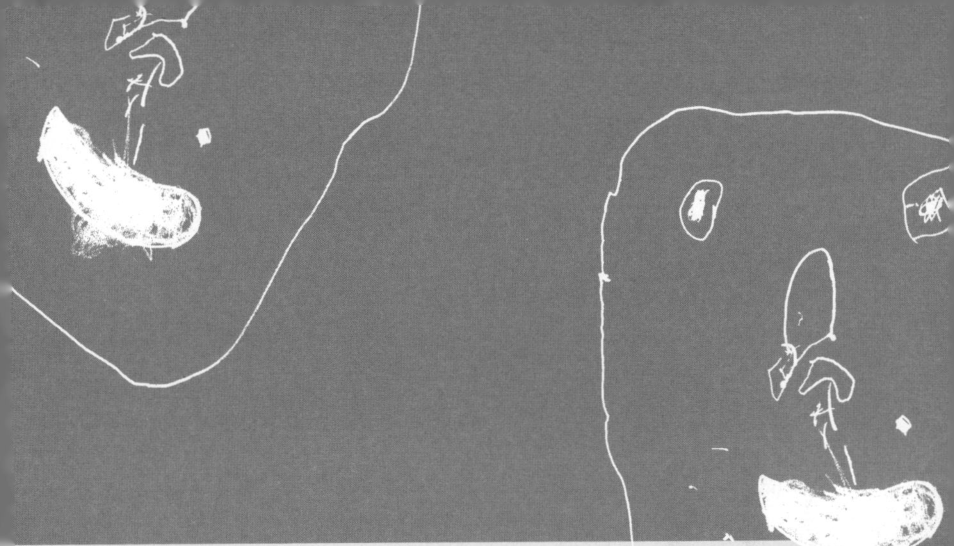

讀書要三到，謂心到、眼到和口到。心不在此，則眼看不仔細，心眼既不專一，卻只漫浪誦讀，決不能記，記亦不能久也。三到之中，心到最急，心既到矣，眼、口豈不到乎？

——宋代思想家朱熹

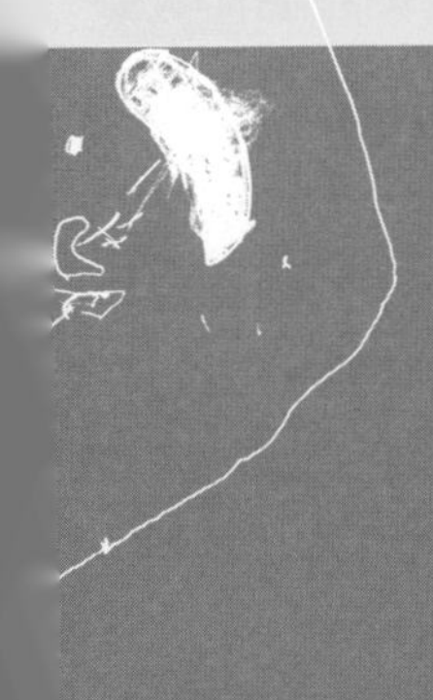

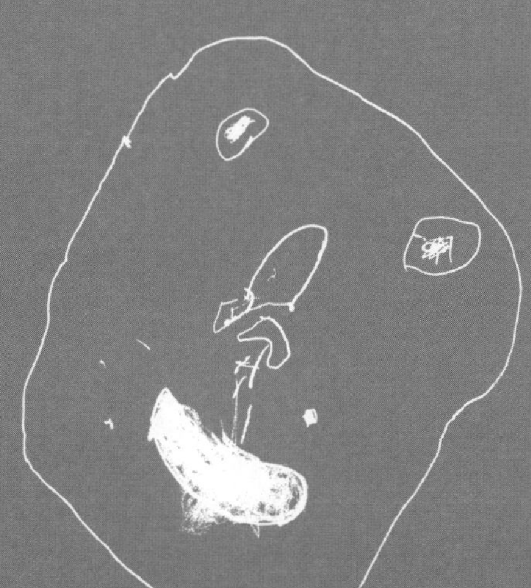

第 **11** 種方法

激發孩子的學習興趣

有一位教育家曾經說：「天才之所以是天才，並不是由於他們生來具有很高的天賦，更重要的是他們在幼年時期的興趣和熱情的幼芽沒有被踩掉，並且得到了保護和順利發展。」興趣是記憶的先決條件。世界著名的心理學家弗洛伊德曾說過：「人只記感興趣的東西。」確實，每一個人對於自己所關心的事物能夠很輕鬆地記住，對自己不感興趣的東西則往往過目就忘。

記車牌號碼是一件很枯燥的事，但是，卻有一個人對記車牌特別感興趣。他的記憶力並不出眾，但當他在馬路邊散步時，卻能記住經過他身邊的汽車的車牌號碼，而且他經常有意去記隨意見到的車的車牌號碼。當有人問他為什麼能夠準確地記住車牌號，他說他覺得記車牌號碼是一件很有趣的事，他也沒有刻意去死記硬背，卻一記就能記住。

馬克思在學習法語時非常有興趣。他每天學習一小時的法語，感覺就像自己在盧浮宮裡、在埃菲爾鐵塔下、在塞納河的橋上。

為了能比較容易地使用詞彙，他嘗試着把學會的四個、七個或者十個單詞隨意地用上下文聯繫起來，或者組成一個小短句子。這樣，這些單詞就有了活力，他學習法語的興趣也更濃了。

可見，興趣是記憶的源泉。只要把知識納於興趣之中，不管多難記憶的東西都可以順利地掌握。孩子對有興趣的東西總能表現出很強的記憶力，關鍵是看家長怎樣去激發孩子的興趣。

有位教師為了讓孩子明白「笑嘻嘻」和「笑哈哈」的不同，故意在講課時露出笑嘻嘻的表情，然後問學生：「你們學習很努力，老師很高興，你們看老師的表情是怎樣的？」

學生們都說:「老師笑嘻嘻的。」接着，學生們也都笑嘻嘻的。老師看學生們高興的樣子，哈哈笑了起來：「老師說你們學習努力，你們很高興吧？」

學生們回答：「是的。」

老師又問：「那老師剛才的表情是怎樣的？」

學生們說：「笑哈哈的，老師都高興得笑出聲了。」

「是的，老師真的很高興有你們這樣努力學習的學生。」老師接着問，「那麼笑嘻嘻和笑哈哈有什麼區別呢？」

一位學生回答：「笑嘻嘻是咧着嘴笑，主要表現在臉上，並不發出笑聲；而笑哈哈就是高興得笑出聲來。」

可見，老師激發了學生們的興趣，學生們在記憶這兩個詞語的時候肯定記得很牢。因此，要激發孩子記憶的興趣，父母首先要給孩子創造一個輕鬆溫馨的氛圍，讓孩子心情舒暢地記憶。孩子在精神放鬆的狀態下進行記憶不僅記得快，而且記得牢。

美國有一種開放式的小學，把教室的牆壁改裝成能夠自由移動的裝置。有些地方，甚至連課桌也不用，完全讓兒童依照自己的想法去計劃、去讀書、去選課。實行這種方法的結果是，兒童在理解和記憶方面的能力提高了很多。

一位小學生的家長發現這樣一件怪事：自己的孩子平時總是背不出課文，棋卻下得很好。孩子對下棋很有興趣，像着了迷一樣，甚至在放學路上見到別人下棋，也會在旁邊站上半天，以至忘記了暮色降臨，早該回家了。

這位家長還發現，孩子甚至可以不看棋盤而同時和兩個人下兩盤棋並獲全勝。對於這兩盤棋的每一步，孩子都記得很清楚，能在棋局結束後，重新擺放棋局重走一遍。對於象棋棋譜、圍棋定式，孩子似乎有「過目不忘」的本領，記得很快、很多、很準。

這位家長從下棋的事情上發現自己的孩子一點也不笨，只不過是學習興趣不足而已。經過啟發教育，孩子的學習興趣提高了，在背課文、記單詞方面同樣顯露出很好的記憶才能。

因此，父母應該想辦法誘導孩子高高興興地去學習，而不要一邊責罵孩子，一邊呵斥孩子去學習，這時的記憶效果肯定是不好的。同時，父母也可以教育孩子運用一些方法，把枯燥無味的知識進行特殊的加工，從而變成感興趣的東西來記。比如，學習數學時，可以進行心算比賽；可以通過玩撲克「二十四點」來加深孩子對乘法口訣和四則運算的記憶。學習語文時，可以通過講幽默故事、說俏皮話、寫打油詩等方式來提高孩子的興趣，使孩子的記憶任務變得有趣而簡單。

第12種方法

讓孩子學會摘抄

在古代，一些買不起書的讀書人常常用抄書的方法來讀書。這樣，一方面把書保存了下來，一方面在抄書的過程中達到學習的目的。邊讀邊抄寫，是很多人喜歡的讀書方法。

明代有個著名的學者叫張溥，他從小酷愛讀書。他每讀一本書，總是要把書從頭到尾抄一遍，接着朗讀幾遍，然後再把抄好的東西燒掉。接着他再抄寫第二遍，然後又朗讀，讀完了，又把抄錄本燒掉。如此抄，讀，燒，抄，讀，燒……經過這樣六七次的邊抄邊讀，他就把書本背得滾瓜爛熟了。

張溥抄錄的書越來越多，讀的書也就越來越廣泛了，最後他考中了進士。為了紀念自己獨特的讀書方法，便把自己的書齋命名為七錄書齋。

中國數學家王梓坤年輕的時候也非常喜歡抄書。他抄過很多書，如林語堂寫的《高級英文法》，英文的《英文大全》，《孫子兵法》等。出於對《孫子兵法》的喜愛，他竟抄寫了兩本。王梓坤認為，人們總覺得抄書是一件辛苦的事情，實際上，抄書對讀書的幫助是巨大的。當一個人抄完一本書後，他能夠全面地了解書中的內容，甚至書中的一些小細節都能夠看得非常清楚。這種抄書方法，比讀十遍書的效果還要好。

邊讀邊抄寫是加強記憶的好方法。俗話說：「眼過十遍，不如筆過一遍」，認認真真地抄過一遍，比閱讀許多遍都有效果。逐字逐句地抄寫，孩子的注意力就比較集中，手腦並用更容易記憶那些正在抄寫的內容。邊寫邊記的方法尤其適用於英語單詞的記憶。因此，父母要鼓勵孩子運用抄寫的辦法來對付那些難記憶的材料，努力通過手腦並用的方法把材料記住。

當然，由於抄書費時費力，並不是所有的文章都需要仔細地抄下來，那樣不僅影響閱讀速度，同時不加以控制地抄寫還容易造成孩子的依賴心理。有些孩子認為抄下來的就是自己掌握了的，其實，如果孩子只關注抄寫而放棄了閱讀中的積極思維，抄到最後，他會發現自己並沒有記住所抄的內容，只是在為了抄寫而抄寫，並不能起到加強記憶的作用。

一般來說，所抄的內容應該是有價值的，值得記憶的，抄寫的時候要眼到、手到、心到，積極地思考所抄寫的內容，努力把這些內容記在腦子裡。

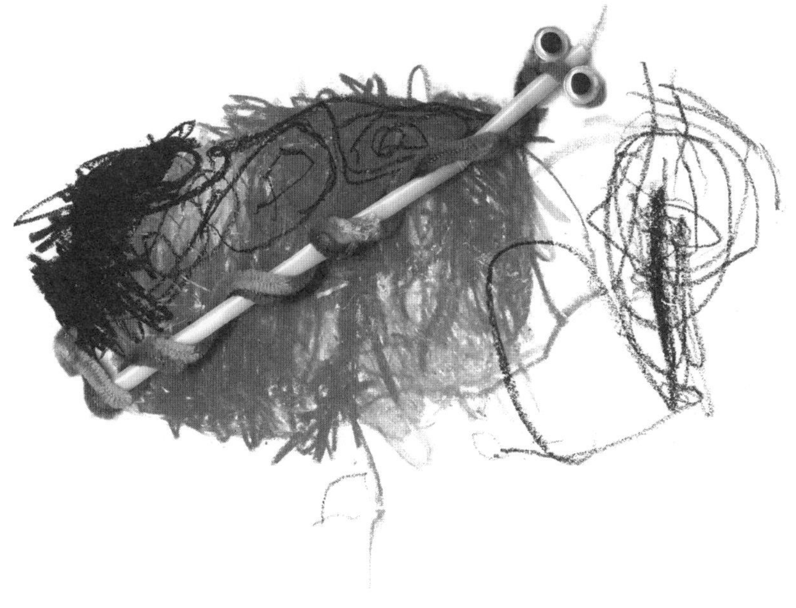

第13種方法

讓孩子學會做筆記

唐代詩人李賀，經常天一亮就騎驢出門，身上揹着一個錦囊，遇有所得，就用紙記下來，投入囊中，晚上回家，把它整理成詩。他的詩在唐代詩壇上大放異彩。

美國著名作家傑克·倫敦有一個特殊的愛好，喜歡到處貼紙條。

每一個到過傑克·倫敦家的人都會被他家裡的奇特景象所吸引：傑克·倫敦家到處都貼滿了各種各樣的小紙條，牆壁上、窗戶上、書架上、櫃子上、書桌上、床頭上，甚至鏡子上都有。每一個到過他家的人都覺得非常奇怪。

實際上，這些小紙條正是傑克·倫敦的百寶囊。傑克·倫敦在讀書的時候，喜歡記錄各種各樣他喜歡的句子和素材，包括有意思的詞彙、生動的句子、他所要用到的資料甚至整段的文章。為了讓自己能夠及時看到這些精彩的內容，傑克·倫敦把它們記錄在小紙條上，然後再貼在自己看得到的地方，這樣，他就可以隨時看到這些內容，從而牢牢地記在自己的腦海中。

常言道：「好記性不如爛筆頭。」人的記憶力是有限的，即使當時記住的東西，過了一段時間也會遺忘。這時，把重要的內容記下來就非常必要。因為，自己動手記錄的內容，往往印象特別深刻，不容易遺忘。

做筆記是一種促進記憶的重要輔助手段。心理學家以大學生為對象進行實驗，發現自己動手做筆記的學生學習成績最好；看別人的筆記但不動手做筆記的學生成績次之；單純聽講的學生成績最差。可見，筆記記憶是很重要的。

阿根廷著名的文學家博爾赫斯在中學時代就非常注重做筆記。他說：「我認為學好一門課，真正能掌握這門學科的內容，就需要把幾種教材編寫體系的異同和重點搞清楚，並選擇一種教材的骨架為中心，把具體的事例都穿插進去，擺到適當的位置，寫出一套自己編製的筆記。在初中的三年中，我就把物理、化學、生物等課程的筆記都這樣修改或重寫了一遍。它花去了我幾乎所有的課餘時間。這套筆記對我考取幾個大學預科以及後來順利地考入本科都起到了很大作用。」

讓孩子準備一個小本子，在上課時把老師所講的內容都記下來，記的時候一定要經過自己的理解，把最精煉的內容記下來，隔一段時間去看一下，這樣，這些內容就會記在腦海中了。

一般來說，心得筆記的內容和方式沒有什麼限制，可以全面、系統、綜合評論，也可以對原文中的某些觀點加以分析和發揮；可以對原文提出批評和意見，也可以把原文的內容、觀點和其他同類的文章加以比較，寫出自己的認識。只要孩子能夠用心去做，不管什麼方式都是有助於記憶的。

當然，學習心得不是書中詞句的搬家，而是原文意思的發揮，寫心得不應被書中的內容所局限，否則就成了摘抄。因此，不妨讓孩子把學習心得寫得超脫一點，有所創見，儘可能捕捉住自己閱讀時的感觸、印象、思想的火花，哪怕是一得之見也應寫下來。別小看這種「一得之見」，它往往是孩子思考的起點，許多孩子就是從這種「一得之見」中逐漸深入，以至最後形成一種完整的思想。

當然，需要提醒孩子的是，採用心得筆記法，應該注意文字上要乾脆利落，反對煩瑣與冗長，應該學會用簡潔的詞句表達出確切的思想。

第 **14** 種方法

用朗讀助記憶

發掘特洛伊城遺跡的德國人希泊來，是一位語言天才。他在很短的時間內學會了歐洲各國的語言。

希泊來在學習語言的時候，總是喜歡大聲朗讀，一直到深夜。即使閱讀相同的文章，也總是一遍遍地大聲朗讀。

希泊來的這種做法遭到了房東的阻止，因為，這影響了房東的休息。房東警告希泊來，如果他再這樣朗讀，就把他趕出去。但是，希泊來為了學習語言，根本沒把這事放在心上。有一天，房東實在忍無可忍，決心把希泊來趕走。後來，想到希泊來的為人和刻苦學習的精神，房東又把他留了下來。

就這樣，希泊來在那段時間，幾乎只花三到六個月的時間就學習一門新語言，直到把歐洲各國的語言全部學會。

日本心理學家高木重朗說過：「一般來說，朗讀有助於記憶。尤其是在頭腦不清醒的時候，更應該清楚地讀出聲來。」

許多孩子在讀書的時候總是喜歡以默讀的方式來進行，這不僅是因為默讀的速度比較快，而且不會影響他人，可以隨時隨地進行。但是，如果要更好地記住內容，閱讀時最好能夠大聲朗讀。因為朗讀能促進記憶，尤其是在頭腦不是很清楚的情況下；大聲朗讀要記的內容，能夠引起大腦的緊張，促進注意力的集中，從而更好地記住這些內容。同時，由於自己發出的聲音與聽到自己的聲音這兩種活動同時進行，兩種器官同時運用，對大腦的刺激效果就能增強。

朗讀要反覆進行。記憶是需要一定的過程和時間的。正確的方法可以讓我們相對節省時間，而且記憶的時間要長些。要記住一篇文章、一段文字，往往要朗讀上三五次，然後爭取不看原文背誦一遍。背不出的地方，下次朗讀的時候可以多加注意，也可以反覆朗讀幾次。

朗讀要與背誦同時進行。心理學家做過這樣的實驗：寫出 16 個無意義音節，讓被試者識記九分鐘，然後馬上回憶。被試者中全部時間用於朗讀的，當時只能回憶 35%；而 1/5 時間用於背誦的，能回憶 50%；2/5 時間用於背誦的，能回憶 57%；4/5 時間用於背誦的，能回憶 74%。由此可見，單單使用朗讀的效果並不好，因為有些人在朗讀的時候沒有有意識地去記憶。如果把朗讀與背誦結合，有意識地把內容記憶在腦海中，效果就會好得多。

第15種方法

讓孩子學會聽書

南北朝時期，北魏有一員大將名叫楊大眼，此人是一位常勝將軍，很有威望，但是，他卻識字不多。楊大眼很少自己讀書，但是，他卻了解許多事情。原來，他的好多知識是靠聽他人讀書得來的。

在《北史》卷三十七中，有一段有關他的事跡：

「大眼雖不學，恆遣人讀書面坐聽之，悉皆記識。令作露佈，皆口授之，而竟不多識字也。」

意思就是，楊大眼儘管自己不讀書，但是，他經常派人讀書，自己則面對着讀書人坐着聽，仔細記憶人家讀過的內容。每當需要寫佈告的時候，他都講給別人聽，讓別人代自己寫，因為自己識字太少，不會寫。

用耳朵聽書有許多好處。

首先，用耳朵聽書可以在一些無法用眼睛讀書的情況下適用。比如，聽收音機裡的新聞聯播、小說播講、知識講座等，走路時可以聽，躺在床上可以聽，坐在公共汽車裡也可以聽，甚至是在幹某些體力活時，也可邊幹邊聽。這樣，既可以節省時間，又可以學到知識，真可謂一舉兩得。

著名學者鄧拓說，耳讀法很適用於年老而不能看書的人，也很適用於現代的許多大政治家。

其次，運用錄音機等現代化的學習工具，我們可以把學習內容，例如英語、需要背誦的散文等錄進磁帶裡，然後隨時聽、反覆聽，從而加強記憶效果。

再次，用耳朵聽書可以緩解眼睛的疲勞，調節視力，從而起到良好的保護視力的作用。

一位叫崢艷的孩子曾經寫過一篇用耳朵讀書的文章：

你一定覺得很奇怪，怎麼不用眼看，反而用「耳朵」讀書？別急，且聽我慢慢道來。

我很愛看書，漫畫詩歌散文童話短篇小說我都愛看，常常看得廢寢忘食，因為不注意姿勢，眼睛慢慢近視了。為了保護我美麗的雙眼，老媽下令不許我多看書，這可苦壞了我這個「書蟲」。

有一次語文課，老師讓我們聽課文錄音，我閉着眼，漸漸地感覺自己竟隨作者來到了可愛的草塘，和他們一起抓狍子逮野雞用瓢舀魚……哎呀呀，我突然發現用「耳朵」讀書的感覺實在是妙，不僅能身臨其境，而且還可以神遊呢！我向老師借了朗讀錄音帶，回到家興沖沖地聽起來，從第一課聽到最後一課。奇跡發生了，原來沒讀懂的地方，我現在一下子就「聽」懂了！連老師沒講過的課文我也聽懂了。我興奮得跳了起來。

第二天，我向老師匯報我的新發現，老師微笑着說：「原來你更適合用『耳朵』讀書。」我現在已經用「耳朵」讀了不少詩詞和小說。有時候，我還錄下自己朗讀的片斷，自我欣賞一番。

怎麼樣，你是不是也想試試？

學會聽書對於提高記憶力有一定的幫助，尤其適用於聽覺型記憶的孩子。因此，父母可以提醒孩子嘗試用耳朵聽書。尤其是可以在晚上入睡之前聽一些英文單詞、優美的散文、小說等，在優美的意境中進入夢鄉是一件非常愜意的事。而且，晚上入睡前聽，往往記憶效果比較好。

第 **16** 種方法

讓孩子給自己講課

一些孩子的記性非常差，往往是要求他做一件事情，他當時記得，一轉身就忘記了。許多想到的東西、老師說過的知識點等，當時是記得的，不一會兒就忘記了。這說明，孩子的記憶力比較短暫，缺乏主動去記憶的動力。

怎樣提高孩子有意識的記憶呢？讓孩子學會這一點很重要，但是，許多孩子就是缺乏決心和毅力。如果能夠讓孩子學會給自己講課，就會迫使孩子努力去理解和記憶其中的內容。

蕭楚女，民國報人，他早年求學的時候，有一個非常奇怪的習慣。每當讀了一篇文章或者一本書，他就會一個人跑到校園後面一個僻靜的地方，然後對着一棵高大的榕樹，開始講起課來。

他是不是有什麼毛病？其實不然，這是他獨特的學習方法。

蕭楚女認為，通過講課的方式，他不僅能夠鞏固所學的知識，而且能夠把沒有理解的地方再深入地思考一遍，從而達到解決疑問的目的。

在孩子學習時，父母可以要求孩子模仿老師給學生講課，自己給自己講解一下。自我講解能夠讓孩子更深入地理解書中的內容，更清晰地掌握知識的脈絡。

怎樣教孩子給自己講課呢？

在講課前，首先要讓孩子確定一下書中的重點和難點，這就要求孩子在讀書的時候，掌握書中的脈絡，理解書中的重點，然後概括出基本內容，並理清文章的脈絡，列出提綱。提綱式的筆記可以幫助孩子快速理解全書的結構。需要提醒的是，孩子在列提綱的時候，最好是根據書中的內容實事求是地進行，千萬不要加入自己的觀點和感想。

然後，讓孩子學着老師的樣子，把自己知道的內容講給自己聽。

當然，父母不用要求孩子像老師那樣面帶微笑地講課，只要孩子把必須掌握的內容講出來就可以了。如果孩子一次講不清楚，可以讓孩子反覆講解，直到自己全部掌握、記住為止。

通過自己給自己講解，孩子就會對所要記的內容非常熟悉，對於知識的框架和脈絡非常清晰，而且，他還會把學過的內容融會貫通，從而學到更多的內容。

父母要告訴孩子，如果在講解的過程中，發現自己還有不理解的地方，就要像學生問老師那樣問自己：「這是怎麼回事呢？」然後記下這個問題，等講解完再去找資料解決。

如果孩子善於運用自我授課法，就不僅能夠全面掌握知識，而且還能提高記憶力！

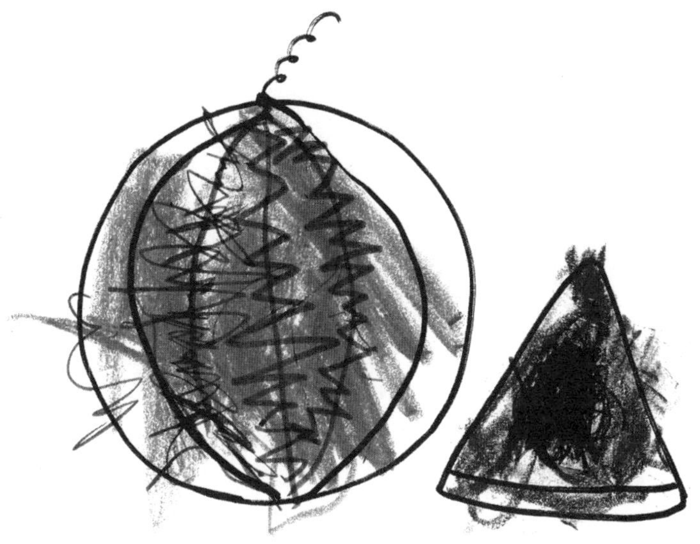

第 **17** 種方法

帶孩子多實踐

南北朝筆記小說《世說新語》裡有一個「袒腹曬書」的故事，說的就是一個人只會讀書而不知道使用書。有個叫郝隆的人，看到別人曬太陽，他也出來曬太陽。但是，與別人不一樣的是，別人是坐着曬太陽，而他卻是仰臥在地上，袒露着肚皮，讓太陽曬在肚皮上。人們都覺得非常好奇，有人問他為什麼要這樣，他說：「我滿肚子裝的都是書，需要曬一曬。」

要想把學過的知識記得牢，記得深，就應該去實踐這些知識。像郝隆那樣只會把知識裝在肚皮裡卻不會使用，是沒有任何意義的。

古人云：「紙上得來終覺淺，絕知此事要躬行。」意思是說，從書本上學來的知識畢竟是膚淺的，要透徹地、深刻地了解某件事，非經過親身實踐不可。心理學上也認為，在實際生活和工作中多運用學過的知識，可以有效地增強記憶的準確性和持久性。

清朝初期，在山東、河北、遼寧、山西一帶，常有一個行為怪異的人出沒。

他 50 歲出頭，穿着簡樸，帶着兩匹馬和兩頭騾子。他自己騎在一匹馬上，另一匹馬和騾子則馱着沉重的大筐，筐裡裝的全是書。

他一路走，一路背誦。當想不起下面的內容時，他就勒住韁繩，翻身下馬，拿出書本將背不出的地方反覆溫習幾遍，直到書背熟了，再繼續策馬趕路。

每當到一處邊關要塞，他就會去找老兵或者退伍的士兵，仔細地詢問當地的歷史、地理情況，並把他們所說的內容與書上的內容相比較，如果發現有不一致的地方，他就親自實地考察，然後記錄自己的考察結果。

就這樣，在一路的旅行中，他學到了許多知識。這個人就是明末清初的思想家顧炎武。由於在旅行中掌握了許多書本上沒有的天文、歷史、地理、曆法等知識，後來，他所著的書都非常深刻，在中國學術史上享有很高的聲譽。

記憶也是需要通過身體上的體驗來加深的，僅僅靠機械的記憶，不僅記得不深，而且記憶也失去了意義。

歌德是德國 18 至 19 世紀著名的詩人和劇作家，也是著名的思想家和學者。他的主要作品有《少年維特的煩惱》、《浮士德》等。

作為文學家的歌德在自然科學方面也有很大的貢獻，他曾經撰寫過一些有關植物形態學和顏色學方面的論文。歌德的成就是巨大的，也是廣泛的，這得益於他注重實踐和運用的讀書方法。

歌德認為，一個人光讀書是沒用的，而是要把自己學到的知識運用到實踐活動中去。他說：「理論本身是沒有用處的，但它卻使我們相信各種現象之間的關聯性。」在讀書與實踐的過程中，

歌德深刻地體會到實踐的重要性，他認為實踐是真正理解書中內容的關鍵。他說：「我們學習過的東西，歸根到底，只有能在實踐中運用得上的那一部分才記得住。」「實踐和運用不僅能加強記憶，而且能增強我們的判斷能力。」

法國思想家盧梭是靠自學成才的，儘管沒有老師教，但是，盧梭卻自己學習了許多知識，而且掌握得比較好，這得益於他堅持把學到的知識付諸實踐的原則。比如，學習音樂時，他就從事樂譜的創作；學習數學時，他就去丈量土地；學習藥物學時，他就去採藥製藥；學習意大利語時，他就去給人當翻譯；學習天文知識，他就用望遠鏡觀察星象。他還喜歡外出旅遊，了解各地的風土人情，欣賞綺麗的自然風光，使自己從書本上學到的地理知識得到驗證。

在日本留學的時候，艾思奇主修的是哲學專業。但是，剛到日本的艾思奇還需要學習日文。於是，他買了一本日文版的《反杜林論》，這樣，在看完這本書的時候，艾思奇不僅學到了哲學的知識，日文的水平也有所提高。

後來，為了學習德文，艾思奇又買了一本德文版的《反杜林論》。結果，因為他對《反杜林論》的內容已經熟記於心，德文的水平也提高了不少。

從神經生理機制方面講，知識運用得越頻繁，大腦皮層上留下的痕跡就越深刻，暫時神經聯繫也就越牢固。

有一次，馬克思發現他的好朋友威廉·李卜克內西的西班牙語講得很糟糕，就從書架上抽出西班牙作家塞萬提斯的名著《堂·吉訶德》，跟李卜克內西討論了一番。此後，馬克思每天都會要求李卜克內西敘述《堂·吉訶德》或其他西班牙書籍的內容，這促使李卜克內西每天都用西班牙語去閱讀和表達。沒多久，李卜克內西就掌握了西班牙語。

為了提高孩子對知識的記憶能力，父母可以通過做實驗、帶孩子外出實踐等方式來提高孩子的感性認識，從而使學到的理性知識更加感性化，達到感性與理性的統一，在頭腦中建立更立體的印象。

比如，為了防止年幼的孩子走失後迷路，要讓孩子記住家庭住址和電話號碼，父母在告訴孩子家庭住址和電話號碼後，可以跟孩子玩「迷路了」的遊戲，孩子扮演迷路的小孩，父母扮演警察，父母可以詢問:「小朋友，你怎麼會迷路的？你家住哪裡呀？你家電話是多少？」等等，通過這種遊戲不僅提高了孩子的記憶興趣，而且使孩子在情景模擬中更加牢固地記住了家庭地址和電話號碼。

再比如，為了讓孩子學好英語，父母可以讓孩子經常收聽英語廣播或者觀看英語影片，可以給孩子選擇一些趣味性強的英語小說看看，可以請懂英語的人經常與孩子一起對話，可以讓孩子

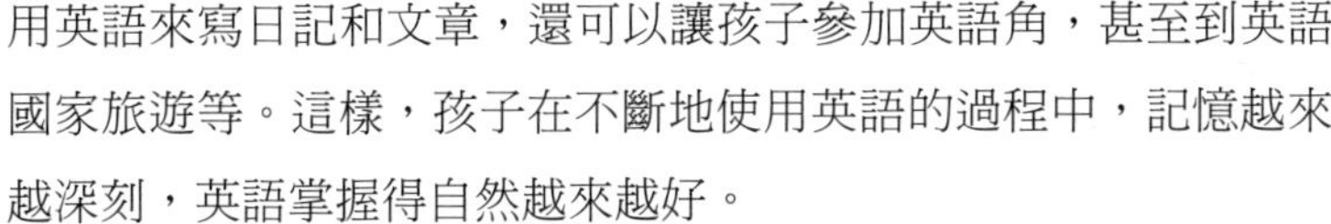

用英語來寫日記和文章，還可以讓孩子參加英語角，甚至到英語國家旅遊等。這樣，孩子在不斷地使用英語的過程中，記憶越來越深刻，英語掌握得自然越來越好。

第 **18** 種方法

把記憶內容畫出來

美國圖論學者哈里有一句名言：「千言萬語不及一張圖。」所以捷克著名的教育學家夸美紐斯主張「應該使學生先學習感性的，然後是理性的」，「凡是需要知道的事物，都要通過事物本身來進行教學，那就是說，應該儘可能地把事物本身或代替它的圖像放在面前，讓學生看看、摸摸、聽聽、聞聞等等。」

很多孩子都喜歡看漫畫和連環畫。那些人物和故事很少有大段的描寫，大量的信息是從漫畫中傳達出來的，主人公的喜怒哀樂的形象被畫家生動地展現在孩子們面前，說起故事的情節，首先出現在孩子們腦海裡的一定是相關的漫畫形象。而這些生動的形象更容易留在孩子們的記憶中。

許多孩子之所以喜歡看漫畫書，並不完全因為它們輕鬆的內容，更因為它們符合人們圖像記憶的規律。因此，父母可以鼓勵孩子把自己要記憶的內容畫出來，讓活潑而生動的畫面來幫助孩子記憶。

第 970 期《中國中學生報》中曾經發表過這樣一篇文章：

朱自清的《春》第三段是這麼寫的：「小草偷偷地從土裡鑽出來，嫩嫩的，綠綠的。園子裡，田野裡，瞧去，一大片一大片滿是的。坐着，躺着，打兩個滾，踢幾腳球，賽幾趟跑，捉幾回迷藏。風輕悄悄的，草軟綿綿的。」我看到一位初一的同學，拿着一個紙片，兩分鐘就把這 65 個字的段落背得滾瓜爛熟。

我請他解釋，他笑吟吟地說：「我畫的小草攔腰有一條橫線，代表課文中的一句『小草偷偷地從土裡鑽出來』。為什麼兩棵呢？因為這句後面有兩個詞『嫩嫩的，綠綠的』。那大小兩個圓圈代表書中『園子裡，田野裡』，看着圓圈就會想到『瞧去，一大片一大片滿是的』。」下面那幾個符號，他一一指着向我說明，「坐着，躺着，打兩個滾（兩圓圈），踢幾腳球，賽幾趟跑，捉幾回迷藏。」他又指着右邊的斜線說：「這代表『風輕悄悄的』，『風』下歪着的小草代表『草軟綿綿的』。」

這個學生就是採用了畫圖記憶法，他讀着描景狀物的文章，對文章進行了豐富的想像，並把這種想像以自己的符號給畫出來，這樣就大大方便了記憶，提高了記憶效果。

幫助年幼的孩子提高形象記憶時，父母可以替孩子把需要記憶的內容畫出來。

例如，教孩子學習古詩：「鵝、鵝、鵝，曲項向天歌。白毛浮綠水，紅掌撥清波。」

父母可以畫一幅白鵝在綠水中遊戲的畫，讓孩子看着形象的圖畫來複述這首詩。

父母要教孩子把自己想到的場景畫出來，這樣不僅可以促進孩子的學習興趣，而且可以鞏固記憶效果。

其實，當孩子對需要記憶的材料進行想像的思維活動時，他

已經在開始記憶了；當孩子在琢磨用什麼符號代表需要記憶的材料的意思時，記憶就更加牢固了。畫圖記憶法其實就是形象記憶法的一種，化繁為簡，化抽象為形象，這都是記憶的法則。

畫圖像的時候，可以根據知識的內容來畫，比如寫景的，就畫景色；表示時間的，畫個日曆；表現心情的，畫個表情等。畫的時候，可以適當誇張，這樣有利於記憶，對於內容比較多的，可以運用不同顏色的筆來畫，這樣，印象會更深刻。

第 19 種方法

讓孩子學會回憶

記憶有時候是需要回憶的，就像放電影一樣，如果經常把以前看過的電影拿出來再看一遍，對這些片子的印象就會很深刻。大部分的孩子在平時的學習和生活中，識記了很多東西，卻很少去回憶。所以，很多知識就像是沙灘上留下的腳印，一下子就被海水沖刷掉了，沒有留下任何痕跡。

科學家做了這樣一個試驗：

讓三個同等條件的學生在同等時間內複習剛學過的一段內容。第一個同學把全部時間都用來閱讀；第二個同學用一半時間閱讀，一半的時間背誦；第三個同學用 1/5 的時間閱讀，4/5 的時間背誦。

時間一到，科學家對他們掌握的情況進行測試。結果，第一個同學記住了 1/3，第二個同學比第一個同學多記了 1/2，第三個同學比第一個同學多記了一倍。第二個同學和第三個同學所作的「背誦」並不是死記硬背，這叫做「回憶讀書法」。

對一段需要記憶的內容，反覆地多唸幾遍固然是一種再學習，但這時大腦不會有更強的興奮，唸的次數多了，反而會轉入抑制狀態；如果通過嘗試回憶，大腦的神經細胞就會處於一種新的興奮狀態。憑回憶記過的東西，有是要靠形象思維，有是要靠邏輯思維。越是碰到有問題的地方，越需要絞盡腦汁，一旦把卡住的地方疏通，便會留下深刻的印象。

宋代女詞人李清照，經常和她的丈夫比賽記憶力。他們都博覽群書，知道很多典故。兩個人就比賽誰的典故記憶得深刻，誰能清楚地記住典故出自哪本書、哪段歷史。在興趣盎然的比賽中，李清照不僅鞏固了知識，而且增強了記憶力。

中國著名的作家林紓為了弄懂歷史巨著《史記》，曾經花了8 年的時間。他的讀書方法就是，讀完一篇後，就把這篇蓋上，然後默默地回憶剛才讀過的內容。如果發現自己回憶不起來了，就表明讀得不仔細，理解不深入。於是，他就回過頭來再讀一遍，然後再通過回憶來檢查自己的閱讀情況。

單一的重複背誦，目標比較分散，大腦每次都要從頭到尾地關注每一個字，每一句話。這樣即使重複了很多遍，記憶的效果還是不明顯。回憶記憶法要求孩子邊記邊回憶，也就是大腦中隨時都提示自己剛才都記住了些什麼，在記住部分內容的基礎上，重點記憶那些還沒有記住的東西。

美學老師劉成紀談起自己對孩子記憶力的訓練時是這樣說的：「我一直認為，孩子的記憶力和成人有意識的訓練有關。比如，每天臨睡之前，我會問他今天幹了什麼，到過哪裡，結識了哪些小朋友，玩了什麼玩具……記得有一次到山中旅行，我在一條小溪旁撿了一塊小石頭給他。很長時間，這塊山石成了我們談話的對象——從山石談到溪流，從溪流談到險要的山路、山中遇雨，以及在峰頂上看到山鷹。於是，這塊山石作為一個誘因，在孩子的頭腦裡復活了一個已逝的完整場景。」

日常生活中，有許多可以引導孩子回憶的場景。例如，帶孩子去購物的時候，讓孩子看看商店中的商品，讓孩子記住，然後走開後讓孩子進行回憶，看一看記住了多少。

經常回憶，回憶得儘可能精細，是鍛煉記憶力的好方法。因此，如果父母能夠提醒孩子經常回憶一下自己學過的內容，記憶自然能夠保持很久。

怎樣讓孩子進行回憶呢？

1. 把關鍵內容先回憶出來

在回憶時，讓孩子準備一支筆，把回憶出來的要點在紙上簡要地寫一寫，然後再與書本進行對照。這樣，孩子的記憶速度就會更快，效果會更好。

2. 注重回憶一些細節

回憶的時候，要儘量仔細、全面。當再次回到房間的時候，檢查一下自己有沒有遺漏，這樣往往可以促進記憶。

比如，回憶一間非常熟悉的房間，想一想房間裡有什麼東西，門窗朝哪個方向開，傢具擺放在什麼地方，牆上是不是掛了一些裝飾品，有哪些裝飾品，暖氣片和電燈開關在什麼地方，等等。

再比如，回憶最近看過的電影，電影裡有哪些主要人物？發生了什麼事？他們都做了什麼？結局如何？要儘可能回想電影中的每一個鏡頭。

如果孩子經常進行這樣的練習，他就會感到自己的記憶力明顯地提高了，丟三落四的毛病明顯減少了。

3. 可以邊回憶邊朗讀

如果是在自己的家裡，完全可以讓孩子將背誦的東西朗讀出來，這樣，不僅可以克服重複帶來的疲勞，而且能讓孩子注意力更加集中。科學研究表明，適當的朗讀也是強化記憶、提高閱讀質量的手段之一。

第20種方法

記憶時要三到

古時候中國有一名學者叫陸澄，他從小刻苦好學，每天讀書到深夜，不論吃飯行走，手中都有一本書。可是，他讀了三年《易經》，背得滾瓜爛熟，卻不明白書中的道理。等他自己想寫一本書的時候，發現自己無從下筆。因此，這本書他一輩子也沒有完成。當時，另一位學者諷刺他為「書櫥」。意思就是，表面上看他擁有了很多知識，但是到應用的時候才發現一無所有。

可見，讀書的時候不能僅僅讀過就行，還要用心去思考，不僅要知道和掌握這些知識，還要能夠使用這些知識。

美國科學家富蘭克林在青年時代就非常喜歡讀書，他讀書的時候，總是把自己需要的內容摘錄下來，然後逐字逐句地背誦。等到背熟後，他就模仿原文的風格進行寫作，然後再把自己寫的內容與原文進行比較，把發現的缺點及時改正過來。正是因為他在讀書的時候做到心到、眼到和口到，凡是讀過的內容他都記得非常牢固。

宋代理學家朱熹一生勤奮好學，他提出讀書要三到，即心到、眼到和口到。他說：「讀書有三到：心到、眼到、口到。心不在此，則眼看不仔細。心眼既不專一，卻只漫浪誦讀，決不能記，記亦不能久也。三到之中，心到最急。心既到矣，眼、口有不到者乎？」

朱熹說的心到指的是讀書要多用心，在讀的時候要多問幾個為什麼，這樣才能對書中的內容有深刻的理解。實際上，心到指的就是思考。

北京大學 1999 級高考狀元鄭詠艷說：「孔子曰：『學而不思則罔，思而不學則殆。』這句話揭示了學思之間密不可分的關係和學思並進的重要性。假若每天只做大量習題，而不去思考這些題的內在聯繫或解題思路，我想我必定是一無所獲的。我是一個比較愛思考的人，不喜歡反覆做同樣的題型，每遇一典型題型，我都會注意整理解題的思路，從哪兒下手，哪兒是關鍵。久而久之，便準確地掌握了各種題型的解題方法，到了高考複習的中後期，我跳出了題海戰術，節省了許多寶貴的時間，同時經過思考後，東西記得更牢固了。」

著名教育學家陶行知曾經寫過一首叫《八個顧問》的詩。詩是這樣的：

我有八個好朋友，肯把萬事指導我。

你若想問真姓名，名字不同都姓何：

何事、何人、何故、何如、何時、何地、何去，好像弟弟與哥哥。

還有一個西洋派，姓名顛倒叫幾何。

若向八賢常請教，雖是笨人不會錯。

這八個「顧問」是孩子在學習時需要認真思考的，父母一定要培養孩子在閱讀書籍時有意識地運用這八個「顧問」的習慣，讓孩子主動思考，避免成為書本的奴隸。

眼到是指在看書的時候，一定要認認真真地用眼睛去看文字，同時要對各種相關信息仔細閱讀，這樣才能獲取自己需要的內容。

口到則是指朗讀和背誦，對於自己閱讀的書籍和資料，一定要養成朗讀的習慣，這樣才可以真切地感受到文字的音韻和意境美。

中國第一部教育專著《學記》指出：「學之當於五官，五官不得不治。」這就是說，學習沒有經過五官，五官不參加學習，是學不好的。

前蘇聯心理學家沙爾達科夫做過這樣一個實驗：

他用三種方法讓三組同學來記十張畫的內容。對於第一組學生，只是告訴他們畫的內容，並不給他們看畫的真實內容；

對於第二組學生，只給他們看畫的內容，並沒有跟他們講畫了些什麼；

對於第三組學生，既給他們看畫的真實內容，又給他們講述畫了些什麼。

幾天以後，學生們被要求複述畫的內容。結果，第一組學生只能說對 60%，第二組學生能說對 70%，第三組學生則能夠說對 86%！

可見，學習時眼、耳、手、口都來參與，建立多方面的、多通道的暫時神經聯繫，記憶的效率就會大大提高。

引導孩子記憶時要三到，就是要孩子在記憶過程中儘可能把自己的眼、耳、口、手等感官都動員起來「協同訓練」的一種記憶方法，通過看、聽、唸、寫達到最佳的記憶效果。例如，讓年幼的孩子了解紙的特性，可以讓孩子用手摸摸紙，把紙放進水裡看看紙的吸水性，把紙放在火上燒一燒，用手撕撕紙，這樣，孩子就能夠記住紙的幾個特性了。

孩子在記憶難懂的材料時，父母可以教他一邊唸、一邊用手寫，同時告訴他要努力思考，爭取理解這些材料的意思，或者讓孩子把這些材料與已有的材料建立聯繫，從而使記憶變得相對輕鬆一些。

親子活動

「三到」小遊戲

請孩子邊朗讀邊抄寫下面這段文章，同時盡力記住這段文章，然後概括文章的意思。

要了解自己的特長和天賦，完善它們並進而發展別的長處。如果所有的人都知道自己究竟長於做什麼，那麼他們都能在某個方面取得成績。先弄清自己究竟屬於什麼類型，然後竭盡全力地把優點發揚光大。有的人明察善斷，有的人勇氣過人。大多數人盲目使用自己的才智，結果在什麼事情上都一事無成。他們被自己的熱情所蒙蔽、阿諛，等到日後真相大白，卻已悔之晚矣。（節選自〔西班牙〕葛拉西安《智慧書．要了解自己的特長》）

抄寫本：

一句話概括：____

一個字概括：____

親子閱讀

三種做筆記的方法

請你和孩子一起認真地閱讀下面這段文章，並讓孩子運用筆記記憶法記錄自己概括的重點、關鍵的概念或句子等。

在讀一本書時，你可能會有三種不同的觀點，因此做筆記時也會有三種不同的方式。

你會用哪一種方式做筆記，完全依你閱讀的層次而定。

你用檢視閱讀來讀一本書時，可能沒有太多時間來做筆記。檢視閱讀，就像我們前面所說過的，所花的時間永遠有限。雖然如此，你在這個層次閱讀時，還是會提出一些重要的問題，而且最好是在你記憶猶新時，將答案也記下來——只是有時候不見得能做得到。

在檢視閱讀中，要回答的問題是：第一，這是一本什麼樣的書？第二，整本書談的是什麼？第三，作者是藉着怎樣的整體架構，來發展他的觀點或陳述他對這個主題的理解的？你應該做一下筆記，把這些問題的答案寫下來。尤其如果你知道終有一天，或許是幾天或幾個月之後，你會重新拿起這本書做分析閱讀時，就更該將問題與答案先寫下來。要做這些筆記最好的地方是目錄頁，或是書名頁，這些是我們前面所提的筆記方式中沒有用到的頁數。

在這裡要注意的是，這些筆記的重點是全書的架構，而不是內容——至少不是細節。因此我們稱這樣的筆記為結構筆記（structural note-making）。

在檢視閱讀的過程中，特別是對又長又難讀的書，你有可能掌握作者對這個主題所要表達的一些想法。但是通常你做不到這一點，除非你真的再仔細讀一遍全書，否則就不該對這本書立論的精確與否、有道理與否下結論。之後，等到做分析閱讀時，關於這本書的準確性與意義，你就要給出答案了。在這個層次的閱讀裡，你做的筆記就不再是跟結構有關，而是跟概念有關了。這些概念是作者的觀點，而當你讀得更深更廣時，便會出現自己的觀點了。

結構筆記與概念筆記 (conceptual note-making）是截然不同的。而當你同時在讀好幾本書，在做主題閱讀——就同一個主題，閱讀許多不同的書時，你要做的又是什麼樣的筆記呢？同樣的，這樣的筆記也應該是概念性的。你在書中空白處所記下的頁碼不只是本書的頁碼，也會有其他幾本書的頁碼。

對一個已經能熟練同時讀好幾本相同主題書籍的專業閱讀者來說，還有一個更高層次的記筆記的方法。那就是針對一場討論情境的筆記——這場討論是由許多作者所共同參與的，而且他們可能根本沒有覺察自己的參與。在第四篇我們會詳細討論這一點，我們通常稱這樣的筆記為辯證筆記 (dialectical note-making)。因為這是從好多本書中摘錄出來的，而不只是一本，因而通常需要用單獨的一張紙來記載。這時，我們會再用上概念的結構——就一個單一主題，把所有相關的陳述和疑問順序而列。我們會在第二十章時再回來討論這樣的筆記。（節選自〔美〕莫提默・艾德勒和查爾斯・范多倫的《如何閱讀一本書》）

第3章

教孩子控制自己的記憶活動

注意某一方面的事物，就可以提高對這方面事物的記憶力。

——中國現代文學家秦牧

應當用不斷的複習來防止遺忘，而不是等到記憶失去以後再重新去記。

——俄國教育家烏申斯基

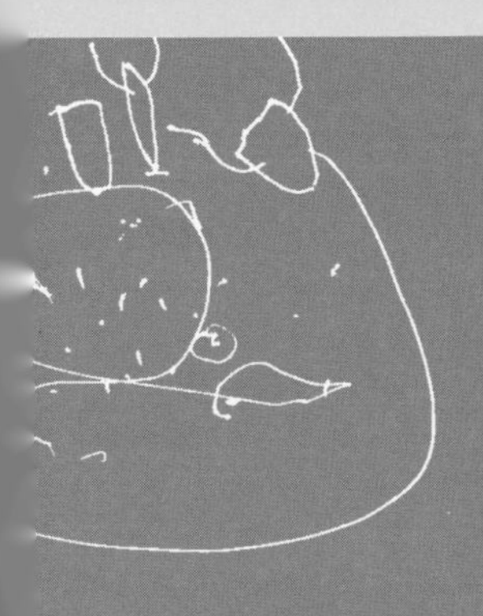

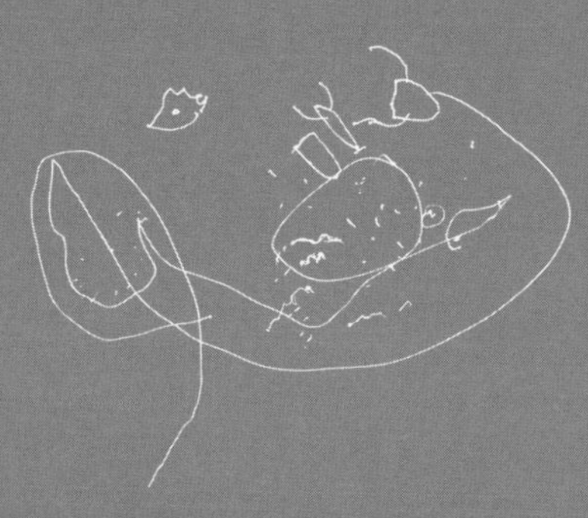

第**21**種方法

給孩子確定記憶目標

阿彬很為自己的記憶力自豪。這不，他今天又在朋友面前表演自己的記憶力是多麼好了。這時，與阿彬家住同一樓層的王伯伯走過來對他說：「阿彬，都說你是天才，一目十行，過目不忘。今天，伯伯就跟你比一比，看誰的記憶力好，行吧？」

「伯伯，就您？」由於眼疾，王伯伯已經失明好幾年了，今天突然提出要跟阿彬比記憶力，阿彬吃了一驚，但他很快就反應過來，痛快地答應了，「好吧！沒問題！題目就由您出。輸了您可得答應我一個要求。」

「好！聽好了。我們每天上下樓都走樓梯，從一樓開始，到我們五樓，所有的台階都算上，一共有多少級？別跟我說你沒數過。」王伯伯有備而來，很快就說出了題目。

說實話，在上下樓時，阿彬確實數過有多少級台階，但他早忘了。想了半天，他實在沒辦法了，只好隨便說了一個數：「應該是 120 級台階吧！」

「不，是 105 級。每層樓之間有兩段，每段 10 級，5 層樓共 100 級，加上從一樓地面到樓面的 5 級，共 105 級。」王伯伯很肯定地說出了自己的答案。

來回一數，結果正是 105 級。阿彬輸了。這時，王伯伯說了：「阿彬，知道你為什麼輸了嗎？你記憶力是很好，伯伯比不過你。但是，別忘了，伯伯眼睛不好，必須記住有多少級台階，這樣，我才能安全地上下樓。而你就不同了，眼睛好使，記住台階沒什麼用，就不會在這上面花心思。你不注意去記，又怎麼會記得牢呢？」

有意記憶法是指記憶者有明確的目的或任務，憑藉意志努力記憶某種材料的方法。相對應的，沒有明確的目的或任務，也不需要意志努力的記憶方法，就叫做無意記憶法。

記憶目的明確時，腦細胞處於高度活動狀態，大腦皮層形成興奮中樞而注意力格外集中，接受外來信息相對主動，大腦皮層留下的痕跡也非常清晰、深刻。

蘇東坡學識淵博，對《漢書》很有研究。據說，只要別人提起書中一段話的前幾個字，蘇東坡就能將後面的內容背誦出來！別人問他是如何做到的，蘇東坡回答：「我看書的時候覺得應該背誦下來，就用手抄寫每段的前三個字。再讀的時候，就可以只抄前兩個字。最後讀時，只抄第一個字就行了。」對長篇史書能夠熟悉到這種程度，不僅因為蘇東坡記憶力很強，更因為他學習目的明確，不斷地進行有意識記憶。

專家曾做過比較，讓兩個準備中考的初三學生同時記憶一段材料。一個學生僅僅被告知是在做一個記憶試驗；另外一個被告知所記憶的材料很可能是中考的類似題目。結果，第二個學生的記憶成績明顯比第一個學生好。這是因為中考這個明確的目標督促着這個學生，讓他全力以赴地去記憶這些內容。

許多孩子記憶力差，就是因為缺乏有意記憶。他們在記憶的時候，總是心不在焉，因此，常常出現記憶後卻無法再現的情況。

俊毅看書特別快，拿到一本書，就一目十行，飛快地翻完。他花費很多時間和精力，看完了很多書，但是效果很差。書是看了，但很快就忘記了，幾乎沒有留下一點印象，他的學習成績也一直不好。俊毅的父母對此十分苦惱，懷疑俊毅記憶力不好，帶他看了不少醫生，俊毅沒少吃提高記憶力的藥，但效果並不好。

有一天，老師問了俊毅的讀書過程以後，告訴他：「讀書不是看完就行，不能只圖快。讀書是為了學知識。因此，哪怕每次只讀五十字，重複讀上多遍，也比一味只圖快、往前趕效果好。重要的是，讀書的時候要用腦子想、用心記。這樣才能真正學到知識。」

此後，俊毅知道了，讀過的書之所以記不住，不是因為自己的記性不好，而是自己看書目的不明確，把看完書當成了目的，忽視了對書籍內容的理解和記憶。這樣，既無法消化書中的內容，又不能有意識地進行記憶，效果當然不好。

俊毅接受了老師的忠告，每讀完一段，就想想這段講了些什麼，有幾個要點，並且留心把重要的內容記住。自此之後，他的知識果然日益豐富，學習成績也迅速提高。

心理學研究表明，記憶者有了明確的目的，就能夠把自己的精力集中於既定的記憶內容上，同時在精神上要求自己重點記住相應的內容，從而提高記憶的自主性、目的性和記憶效率。可見，相對於無意記憶，有意記憶的效果更明顯。

針對孩子的這種情況，父母可以通過給孩子提問或要求孩子達到某個目標來幫助孩子確定記憶目標，使孩子在記憶的時候變無意記憶為有意記憶，從而提高孩子的記憶效果。

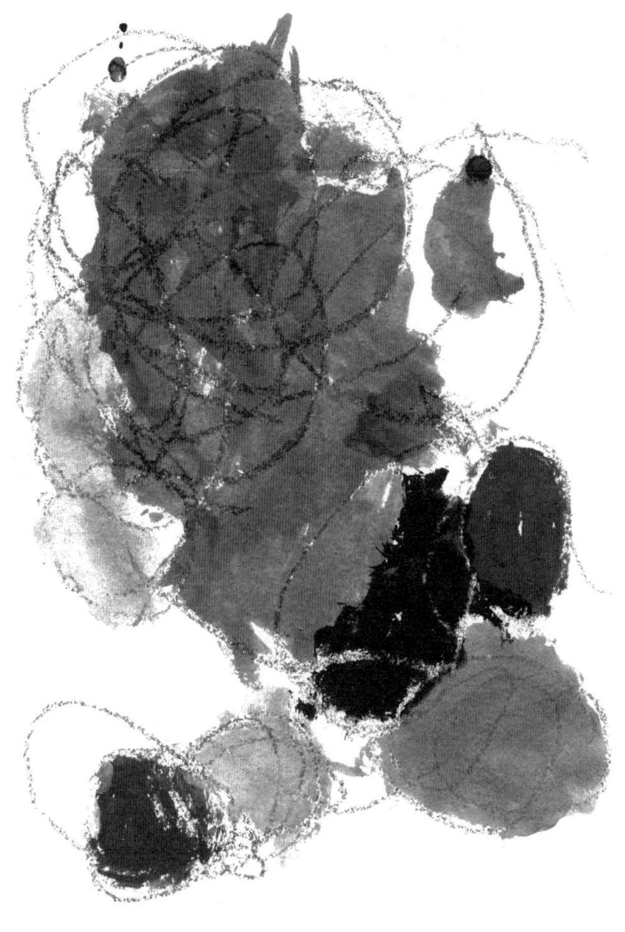

第22種方法

教孩子學會及時重複

明末清初有位思想家叫顧炎武，他有很強的記憶力，不僅能夠背誦十三經（13部古書，一共有14 700多字），而且在天文、數學、歷史、地理等各方面都有很深的造詣，知識十分淵博。

據《先生讀書訣》記載：「亭林十三經盡皆背誦。每年用三個月溫理，餘月用以知新。」這裡的亭林就是顧炎武，說的就是顧炎武十三經都能背誦，但他每年都會花三個月時間來複習讀過的書，其餘的時間才用來學習新的內容。可見，顧炎武之所以記憶很牢固，就是反覆刺激大腦的結果。

在孩子的學習中，總有一些材料和內容是無意義、無聯繫而又必須記住的，例如數理化公式，對於這些材料就需要採用機械重複的記憶方法。

德國哲學家狄慈根在介紹自己的讀書經驗時說：「重複是學習的母親。」不重複，記住的知識就會在遺忘率的支配下慢慢遺忘。

艾賓浩斯遺忘曲線（如下頁圖）表明，遺忘並不是隨着時間的推移以同樣的比例忘掉的。在學習內容剛剛記住的時候，隔20分鐘回憶，保持率為58.2%，遺忘率為41.8%；經過1小時後再檢查，保持率為44.2%左右，遺忘率為55.8%；經過一天後再檢查，保持率為33.7%，遺忘率為66.3%；兩天後，保持率為27.8%，遺忘率為72.2%；六天後，保持率為25.4%，遺忘率為74.6%；一個月後，保持率為21.9%，自此以後基本上就不再遺忘了。可見，遺忘是客觀存在的，遺忘的速度是先快後慢，先多後少，到了相當時間，幾乎就不再遺忘了。

根據這一規律，父母應該提醒孩子，剛剛學習過的知識應當及時複習鞏固，開始複習時的次數要多，間隔的時間要短，以後再減少複習次數，擴大時間間隔。可以說，把握規律及時鞏固是記憶的有力保障。重複讀書的最大特點就是反覆記憶，捨得下工夫。

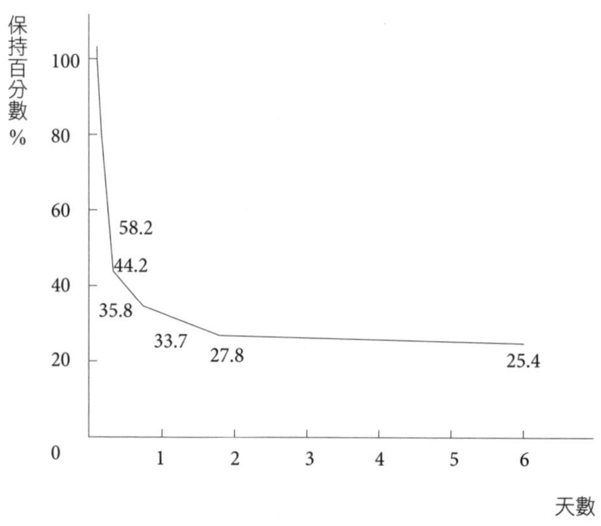

艾賓浩斯遺忘曲線

著名科學家茅以升在 80 多歲時，仍能背出圓周率小數點後一百多位數值。當人們問到他的記憶秘訣時，他的回答是：「重複！重複！再重複！」其實，重複不僅有鞏固記憶的作用，而且還可以加深對知識的理解。很多枯燥的知識，在剛學的時候總是不易掌握，但是，每重複一次就可以把前後的內容串聯起來，理解也就更透徹了。那麼，怎樣反覆刺激大腦呢？

1. 讓孩子及時反覆

心理學家認為，記憶一結束，遺忘就開始了，因此，第一次複習要及時，當天學習的內容要當天複習，第二次複習也不要間隔太長時間。兩次複習的時間間隔至少應大於 30 分鐘，但應小於 16 小時。因為 30 分鐘內開始複習，會對大腦鞏固原有的記憶內容的生理過程形成干擾，反而不利於記憶效果；16 小時以後再複習，則所記內容已經被遺忘得太多了，等於浪費了前面的精力。再往後，複習的間隔時間就可以長一些，每次複習用的時間也可以少一些。

2. 讓孩子學會閉上眼睛回憶

為了加深記憶，讓孩子在讀完一課或一本書以後，閉上眼睛，把一個個場景、數字或單詞像放電影一樣再現出來，以此來強化記憶。因為閉上眼睛可以斷絕外界的種種視覺刺激，使思維高度集中。

3. 讓孩子學會多次重複

「學而時習之」，這個道理孩子也懂，但是，真正能堅持下來的人卻不多。許多孩子往往在考前抓緊時間溫習一兩次，考完之後就不再過問。這樣，時間一長，記憶的東西又忘得一乾二淨。

一般來說，多次重複最好這樣進行：

第一次複習，在學習知識後立即整理筆記，記住其要點，並用自己的話複述一遍，這是保持記憶的最好方法。

第二次複習，重新看一遍筆記，然後將要點用自己的話複述一遍，有不明白的地方，及時查閱相關的資料。

第三次複習，一周後進行，並將新學的知識與以前所學的東西聯繫起來記憶。以後每隔一兩週再重複一遍，這樣，記憶效果會很好。

4. 讓孩子注意有變化地重複

《天方夜譚》的譯者理查．波頓爵士能流利地說 27 種語言，但他承認，他每次練習或研究某種語言絕不會超過 15 分鐘，「因為，一超過 15 分鐘，頭腦就失去了新鮮感。」長時間用一種方式複習往往容易使大腦疲勞。

因此，父母首先要教孩子將學習對象變化一下，複習一章數學，可以再次背誦一下公式定律，看一看例題；也可以做些題目；也可以講給別人聽；還可以將這章的內容製成表格或畫成圖畫。

其次，還可以教孩子變換一下複習的方式，如要複習一篇課文，可以朗讀、背誦；可以抄寫、默寫；可以聽錄音帶、看影碟光盤。

最後，還可以教孩子變換一下複習的內容。比如，晚上以背誦單詞為主，第二天早上誦讀課文，練習口語的同時加深理解，第二天晚上溫習語法和重點詞彙，並背誦新課文的單詞。

第23種方法

教孩子
先理解後記憶

曾經有兩位哲學講師做過這樣的比較：他們背誦了席勒的詩和洛克的哲學論文，結果對抽象的哲學論文的記憶效果反而比對詩歌的記憶效果要好得多。原因就是他們是哲學講師，對洛克的哲學論文有較好的理解。

需要記憶的內容不是孤立存在的，它同各種事物都有聯繫，只有掌握和理解了記憶對象的本質，在已有知識的基礎上，通過積極思考，理解記憶材料的內容，並根據知識之間的內在聯繫進行的記憶效果會比較好。

比如，我們平常說泰國的首都是曼谷，實際上「曼谷」是一個簡稱，它的全稱是「共台甫馬哈那坤奔地娃勞狄希阿由他亞馬哈底陸浦改勸辣塔尼布黎隆烏冬帕拉查尼衛馬哈灑坦」，共 41 個字。要把這 41 個字都背下來，可不是一件容易的事，恐怕比記圓周率小數點之後 41 位數字還要難得多。

如果讓孩子背下面這兩首詩，一首是李白的《望廬山瀑布》：「日照香爐生紫煙，遙看瀑布掛前川。飛流直下三千尺，疑是銀河落九天。」還有一首是唐朝著名詩人王之渙的絕句《登鸛雀樓》：「白日依山盡，黃河入海流。欲窮千里目，更上一層樓。」這兩首詩的總字數比泰國首都全名還要多七個，可是孩子只要讀幾遍也就會背了。原因就在於這兩首詩形象易懂，背起來就比較輕鬆。

心理學家薩拉．丁．巴塞得對歷史專業學生做的實驗結果表明：那些在課堂上掌握了歷史事實意義的學生比起死記硬背、不求甚解的學生來，記憶效果要好得多。可見，深刻理解是記憶力提高的催化劑。

偉大的科學家愛因斯坦小時候就讀的德國學校盛行死記硬背的讀書方法，這令愛因斯坦非常厭惡，他不喜歡這種機械的讀書方式，他喜歡採用深入理解的方法來讀書，喜歡「自由行為和自我負責的教育」。

進入大學後，愛因斯坦更是堅持「深入理解」的讀書方法，他從來不記那些所謂的知識點，而是通過對理解把它們融入自己的腦海中。他在回憶自己的學習方法時曾經說：熱衷於深入理解，但很少去背誦。

孩子在學習中，遇到的知識都有一定的含義，特別是數學概念、定理和定律。只有運用以前學過的知識才能理解、搞懂概念之間的邏輯聯繫，以及該如何把這些知識靈活地應用起來。如果不能理解，就只能是機械記憶，機械記憶不僅需要很長的時間，而且保持的時間也很短。

因此，父母要讓孩子明白，在學習的時候，首先要看內容是否有意義，如果是有意義的內容就要堅持「先理解、後記憶」的方法，而不要逐字逐句進行記憶。

例如，在教孩子背兒歌的時候，父母應該首先讓孩子了解兒歌的意思，例如：可以把兒歌用故事的形式講給孩子聽，再通過提問、講解的方式讓孩子理解兒歌裡的關鍵詞語，最後要求孩子把兒歌同他自己的知識經驗聯繫起來，這樣，孩子很快就記住這首兒歌了。

傅雷是中國著名的翻譯家，他一生博覽群書，在古今中外的文學、繪畫、音樂等各個領域都有廣泛的閱讀。傅雷在教育兩個兒子時，非常注重引導孩子讀書。為了讓孩子們深入地理解書中的內容，傅雷總是要求兒子們邊讀邊記憶，然後背誦出來。

次子傅敏剛進入初中，傅雷就把他找來，給他一本《古文觀止》，對他說：「這個古文選本，上起東周，下迄明末，共輯文章 220 篇，能照顧到各種文章體裁和多方面的藝術風格。其中不少優秀文章反映了我國古代各家散文的不同風貌，如《戰國策》記事的嚴謹簡潔；《縱橫家》說理的周到縝密；《莊子》想像的汪洋恣肆……無論它的說理、言情、寫景、狀物，均堪稱典範，對你的古文學習和修養有幫助。」

傅雷要求傅敏認真地研讀《古文觀止》，每個星期天，傅雷都會選擇其中一篇給傅敏詳細講解，傅敏理解後，傅雷便要求他背誦。

有一次，傅敏由於忙於球賽而未能背出《岳陽樓記》。他知道父親肯定要責怪自己，心中很是不安。

但是，父親卻沒有批評他，而是語重心長地對他說：「過去，私塾先生要學生背書，子曰、詩云，即使不懂，也要鸚鵡學舌地跟着唸和背。誠然，死記硬背不宜提倡，然而平心而論，似也有其道理。七八歲的孩子，記憶力正強，與其亂記些無用的順口溜，不如多背些古詩古文。中國的好詩文多得很，一首首一篇篇地儲存在腦子裡，日子長了，印象極深。待長大些，再細細咀嚼、體味，便悟出了其中意義，這叫反芻。若到了二三十歲，甚至更晚才開始背，怕也難記了。『少壯不努力，老大徒傷悲』，這都是經驗之談哪……」

傅敏低着頭，低聲對父親說：「父親，我知道錯了。」

傅雷望着已經知錯的兒子，翻開《岳陽樓記》這一篇，讓兒子高聲朗讀。然後，傅雷意味深長地說：「范仲淹先生登岳陽樓，將覽物之情歸納為悲喜二意，指出古之仁人憂多而樂少。然後說明自己之憂樂俱在天下，正見他確實不以物喜、不以己悲之真意。還記得陳子昂的《登幽州台歌》麼？」

「記得，『前不見古人，後不見來者，念天地之悠悠，獨愴然而涕下。』」傅敏說。

傅雷點點頭，說：「那麼你想想看，為什麼同樣登高望遠，同樣登岳陽樓，所見之景是一樣的，而范仲淹的想法與別人不同？他能寫出『先天下之憂而憂，後天下之樂而樂』，和他的經歷、思想有什麼聯繫？全文是怎樣一層層展示它的中心的……」

通過父親的提問和講解，傅敏很快就理解了《岳陽樓記》的內容，接着，他就把《岳陽樓記》背了出來。

如果一些知識比較深奧，孩子因無法理解而造成記憶困難時，父母一定要給孩子講解一番，如果父母自己講解不了的，可以請他人來講解，一定要讓孩子理解為止，這樣，孩子不僅能夠很好地記憶這些內容，而且，在以後的學習中遇到難記的材料，也會先弄懂然後再記憶，這無疑會培養孩子學習的好習慣。

第24種方法

讓孩子學會分類記憶

分類記憶法就是在理解基礎之上把要記憶的內容按照其性質、特徵、內部聯繫的不同分門別類，進行記憶。比如，要讓孩子記住下面這些詞語：

飯盒、貓、筆袋、幻燈片、圓規、狗、鋼筆、猴子、便利貼、墨水、書包、肥皂、啤酒瓶、毛巾、山羊、黑板、三角板、粉筆、玻璃杯、魚、牙刷、黑板擦、茶杯、備課本。

由於數目太多，如果孩子直接去記憶肯定特別費事，而且不容易記住，這時候，父母可以教孩子採用分類記憶法。

根據這些詞語的特性，可以把它們分為以下幾類來記憶：

日常生活用品：飯盒、肥皂、啤酒瓶、毛巾、玻璃杯、牙刷、茶杯；

教師教學用品：幻燈片、黑板、粉筆、黑板擦、備課本；

動物：貓、狗、猴子、山羊、魚；

學習用品：文具盒、圓規、鋼筆、便條紙、墨水、書包、三角板。

再比如，要讓孩子記住下面這些詞語：

醫生、白、東、兄弟、紅、教師、藍、護士、學生、綠、工人、南、叔叔、西、父母、北、黑、姐妹、黃、農民、阿姨。

根據這些詞語的特性，可以把它們分為以下幾類：

顏色：白、紅、藍、綠、黑、黃；

職業：醫生、教師、護士、學生、工人、農民；

方向：東、南、西、北；

親戚：兄弟、叔叔、父母、姐妹、阿姨。

經過分類後，要記憶的內容變得富有條理，孩子就能很輕鬆地記住這些詞語。

一般來說，分類記憶對於那些雜亂無章的內容是非常有用的，也許有些孩子會認為分類時花費的時間太多，誠然，分類確實要花時間，但是，相對於一個一個記憶所花的時間來說，分類所花的時間是很少的。而且，在分類的過程中記憶就已經開始了。

當然，怎樣分類也有一定的技巧，只有掌握技巧才能促進記憶效果。一般來說，分類記憶時，有下面幾個技巧：

1. 鼓勵孩子自己去分類

別人分好類的東西肯定沒有自己分類的東西記憶效果好。因為自己分類是一種主動的記憶，別人分類則是一種被動的記憶。如果將要記憶的事物，自己親自加以整理分類，將相似的事物置於一組，如此一來，只要想起其中一類，每一類中的其他事物就能一個接一個地記起。因此，父母一定要鼓勵孩子自己去分類，哪怕孩子分的類不太符合常理，但只要有助於他的記憶就可以了。

2. 確定好分類的標準

同樣的內容怎麼分類才能幫助記憶也是很有講究的。分組的標準並不是只能有一個，可依其機能、構造、性質、大小、顏色、輕重、存在場所、時代等來劃分。如果是人，可依性別、年齡、

籍貫、畢業學校或 ABC 的字母順序來劃分。

面對記憶材料，首先要讓孩子確定好分類的標準，即怎麼去分。比如，花生、蘋果、白菜、土豆、香蕉、西瓜、茄子、橘子、冬瓜和桃子 10 個詞語，可以按照性質分成兩組，即蔬菜和水果。只有先想好分類的標準，分類時才能簡單，記憶時也更方便。

3. 確定好組數和個數

為便於記憶，可將其分組，每個組內的個數必須適當，不要太多也不要過少。組數太多，不易記憶；組數過少，組內個數相對增加，也不易記。同時要注意，每組的個數相差太多也不好。

心理學家研究表明，每個「組塊」應在 5~9 個為宜。比如，花生、魚、蘋果、白菜、雞肉、土豆、螃蟹、香蕉、西瓜、羊肉、茄子、橘子、冬瓜和桃子 14 個詞語，如果按性質可以分為蔬菜、水果、海鮮和肉類，由於海鮮和肉類的個數都只有兩個，我們可以分為三類，即蔬菜、水果和葷菜。

4. 特殊類型的處理

有時候會出現這樣的情況：總有一個是很難分類的，既不屬於這組，也不屬於那一組，編入任何組都不恰當。這時，不必勉強非把它歸進某一類，或拚命地尋找它和其他事物的共同性，只需將其單獨列為一類就可以了。如花生、蘋果、白菜、雞肉、土豆、香蕉、西瓜、茄子、橘子、冬瓜和桃子 11 個詞語中，雞肉無法歸入其他兩類中，因此可以單獨列一類。

第25種方法

讓孩子分割記憶目標

許多孩子在面對眾多需要記憶的材料時，總是會有一種「不知從何記起」的感覺，其實每個人都會有這種感覺。父母要讓孩子明白的是，重要的不是記多少，而是怎樣去記。面對大堆要記的材料，千萬不能讓孩子對自己缺乏信心，父母應讓孩子明白：只要把這些內容分成幾個部分去記憶，其實並不是想像的那麼難。

心理學家米羅曾做過一個實驗，實驗證明：

每人平均一次記憶的最大限量在七個左右。當記憶的數量從七個提高到八個時，記憶的錯誤率則有很大的上升。因此他把這個數字稱為不可思議的數字——七。

可見，一個人在一定時間內，對事物的記憶量是有限的，如果要強迫自己超負荷地記憶，只能降低記憶的效率。

中國的古詩多五言、七言，很少有八言的，有些詞偶然出現八個字的，就會讓人覺得很難記憶。這也說明，一個人在一定的時間內，對事物的記憶量是有限的，超過了這個限度就很難記憶。如果孩子學會把要記的東西分開來記憶，即採用分段記憶法，就不會使頭腦的負擔過重，記起來就容易多了。

徐特立是中國著名的教育家。他的讀書方法簡單而有效，就是每天讀一點點。

在學習《說文解字》時，徐特立並沒有單純地求快，而是把

540 個部首分一年來讀，每天只讀兩個字。

後來，當他教學生學這些部首時，他只要求學生每天記一個字，花兩年的時間學完。由於學習任務少，學生們都非常樂意學，結果掌握的效果都非常好。

43 歲時，徐特立開始學外語。為了讓自己真正掌握外語，徐特立還是採取他的老辦法，每天只學一點點。

他規定自己每天學一個單詞，一年學 365 個單詞。徐特立說：「讀書時常有『走馬觀花』、『狼吞虎嚥』、『囫圇吞棗』、『隨讀隨忘』的毛病。不切實際地貪多，既不能理解又不能記憶。我的讀書方法總是以『定量』、『有恆』為原則。」

就這樣不斷地堅持和積累，他不僅學會了法語、德語，甚至學會了俄語。

分段記憶法就是把需要記憶的內容分成若干部分，把大段化成小段，把小段再化成更小的段，直到那一小段能讓自己記住的記憶方法。

比如，身份證號碼共有 18 位數字，記起來很麻煩，如果把 18 位數字分割開來記憶就簡單了。頭兩位為省份代號，第三、四位為市代號，第五、六位為縣區代號，第七位至第十五位為出生年月日，最後三位為序號。一般只要記住後三位就基本上把身份證號碼記住了。

分段記憶法的好處是化整為零，能讓孩子在記憶的時候樹立信心。

比如，孩子需要背誦一篇長文章，這時，父母要教孩子不要急於背整篇文章，而是先看第一段有幾句話，再把幾句話分成幾個層次，一層層地背，很快便能攻下第一段。接下來的段落也是先看全段幾句，再按意義分三或四層，一層層地背，這樣分段推進、步步為營，心情越來越好，背得也越來越快。

再比如，這個月孩子需要記憶 100 個英語單詞，孩子會覺得一下子無法記住這麼多單詞，但是，只要孩子每天只記憶三四個單詞，並且堅持下去，實際上，一個月下來，他已經輕輕鬆鬆地記住 100 個單詞了。

分段沒有統一的格式和規則，孩子想怎麼分就怎麼分，只要他覺得這種分法能讓自己最快最舒服地去記憶就好。

父母要提醒孩子的是，在記住一段以後，最好回過頭來聯繫前面已經記住的段落，這樣可以整理一下記憶的思路，能夠根據一個明確的線索繼續前進。當進行一段時間後，孩子就會發現分割出來的小目標越來越少，他的信心就會越來越大，背得也越來越快了。結果，在一次一次的成功中，孩子的記憶力大大提高。

第26種方法

教孩子學會概括內容

有一次，猶太學者海歇爾拉比向弟子借了一本非常珍貴的書，三天後，他就很有禮貌地把書還給了弟子。他的弟子非常意外地問海歇爾拉比：「您這麼短的時間就讀完了？」

海歇爾拉比說：「非常感謝你，我已經全部背完了。」

原來，海歇爾拉比已經在短短的三天內，熟讀了整本書的內容，並通過自己的理解和概括，把整本書的內容都背誦下來了。接下來，海歇爾拉比就可以根據自己記住的要點去延伸理解其他的內容。

孩子在學習過程中，首先要學會對字詞進行推敲，認真學習，不懂的地方就加註解，然後，要把學到的東西進行咀嚼消化，組織整理，概括出關鍵性的問題。這樣，孩子對知識的記憶就會比較輕鬆，而且比較牢固。書店裡常見的大綱、綱要、提要、舉要等都是概括的產物。

當然，概括時需要加入自己的積極思考。只有經過充分思考，才能把事物的精華提煉出來。在簡化和提煉過程中，孩子對材料的認識提高了，理解加深了，而且使這些材料易與頭腦中原有的知識結構相聯繫，不易遺忘。正如愛因斯坦所說：「在所閱讀的書本中找出可以把自己引到深處的東西，並把其他的一切統統拋棄掉，就是拋掉使頭腦負擔過重和會把自己誘離到不良之處的一切。」

那麼，怎樣做好概括呢？

1. 概括主題

不管是什麼材料，都有自己的主題，只要孩子提煉、概括出材料的主題思想，記憶起來就非常容易。

例如，阿佛加德羅定律：「在相同的溫度和壓強下，相同體積的任何氣體都含有相同數目的分子。」我們可以把定律歸納為四同：即在同溫、同壓條件下，同體積的氣體含有相同的分子數。進一步縮記為：同壓、同溫、同體、同分。

2. 概括內容

一般並不要求孩子把一篇文章或一本書的所有的內容都記下來，只要孩子能夠在記憶當中對其主要內容有印象就可以了。如果長篇的內容無法記住，不妨先概括出主要內容，先記憶主要內容，然後再根據主要內容記全部內容。

3. 概括名稱

對一些較長詞語、名稱、概念進行高度簡化，識記起來就會比較方便。

比如，黃河中下游的省市有河北、河南、山東、山西、陝西五個省和北京、天津兩個市，可以概括為：二市一陝四河山。

再比如，中國由北往南沿海開放的 14 個城市是：大連、秦皇島、天津、煙台、青島、連雲港、南通、上海、寧波、溫州、福州、廣州、北海、湛江。可串記作：「聞您父親逛大連」，即溫州、寧波、福建、秦皇島、廣州、大連、連雲港，「天南海北宴請咱」，即天津、南通、上海、北海、煙台、青島、湛江。

再比如，中國五大經濟特區是珠海市、汕頭市、廈門市、深圳市和海南省，可記作：「豬仙下深海」。

當然，抓住關鍵詞並不是簡單地簡化地名，因為那樣的簡化不能達到趣味記憶的效果。例如，我們利用「豬」和「珠」的聲音相同，「汕」和「仙」的字形相似，就創作了一個合理的句子，構造了一個生動的場景。記憶一下子靈活了，真實了。

4. 概括數字

用數字來概括識記材料是非常常用的。如「五講四美三熱愛」、「四項基本原則」等。

5. 概括特點

把需要記憶的內容進行概括和歸納，找出它們的特點來記憶。例如，用歸納概括法記憶某些國家的特點。

（1）城市島國——新加坡；

（2）群島之國——印度尼西亞；

（3）千湖之國——芬蘭；

（4）國中之國——梵蒂岡；

（5）可可王國——科特迪瓦；

（6）咖啡王國——巴西；

（7）香蕉王國——危地馬拉；

（8）天然橡膠和錫的王國——馬來西亞；

（9）楓樹之國——加拿大；

（10）仙人掌國——墨西哥；

（11）銅礦之國——智利；

（12）鐘錶王國——瑞士。

第 **27** 種方法

教孩子學會列提綱

燕玲上小學三年級了，這天放學後，她把自己關在房間裡背課文，直到吃飯的時候，燕玲還是不出來。媽媽着急了，進去一看，只見海燕正看着一篇長長的文章發呆。

看到媽媽進來，一籌莫展的燕玲對媽媽說：「媽媽，這篇課文實在太長了，我平常記一小段文章都很容易的，今天已經背了一個半小時了，還是背不下來。」

媽媽問：「這麼長的文章，你是怎麼背的呀？」

燕玲說：「當然是不斷地重複了，可是文章實在太長了，我記住了前面的，就忘記了後面的，背到一半總是會想不起來下面要背什麼了。」

聽了燕玲的話，媽媽笑着對燕玲說：「背誦長篇的文章，不能像平常背小段文章那樣只是不斷重複，還要用點其他辦法。」

於是，媽媽教孩子先把文章的提綱列出來，然後根據提綱去記憶每段的內容，再把每段連接起來，這樣，不到一個小時，燕玲就把整篇文章背下來了。

許多古今中外的大學者們都非常喜歡運用列提綱來幫助自己記憶。

唐宋八大家之一的韓愈自幼苦讀，在「口不絕吟於六藝之文，手不停披於百家之編」時，非常注重做提綱。他常說：「記事者必提其事，纂言者必鉤其玄。」

馬克思也特別重視列閱讀提綱，他認為列提綱能夠幫助自己通曉識記材料。他甚至花了大量工夫，為自己個人的藏書做了提要，使書中的精華了然於胸。

要想孩子把記憶內容串起來，首先要讓孩子把一篇文章的主要脈絡編寫成提綱。所謂提綱，實際上就是材料的主要脈絡。在編寫提綱的過程中，孩子需要進行分類、整理、綜合、分析等心理思考過程，才能最終把文章概括成便於記憶的線索材料。這樣，孩子自然而然消化了材料的內容，深化鞏固了記憶。

那麼，怎麼編寫提綱呢？首先，教孩子認真分析材料，充分消化內容。對一本書，可以在學習前先看內容提要和目錄，從宏觀結構上弄清各章節之間的關係。接着再看前言或後記，了解作品的寫作背景和寫作意圖。在了解全篇的基礎上，劃分段落，反覆揣摩，盡快掌握文章的整體佈局及脈絡。

然後，讓孩子對文章進行全面概括，提煉出記憶的重點。在劃分文章段落的基礎上，根據分析結果寫出段落大意，總結全篇的中心思想，再進一步找出文章的要點、難點，並用提綱形式概括出來，這也就是要記憶的重點。經過了自己思考的文章，是比較容易記憶和保持的。

接着，就要對需要記憶的材料進行總結。在閱讀書籍後，可以合上書本，把經過咀嚼、消化、分析、綜合而印證在頭腦中的提綱表述出來。如果表述十分完整、確切，那就說明掌握

了文章的內容，如果表述殘缺不全，丟三落四，那就還要進一步熟悉提綱。

　　最後，讓孩子將每次讀書的提綱都整理進自己的讀書筆記當中。這樣不僅可以積累寫作素材，也是對孩子自主閱讀的一種促進。

第**28**種方法

讓孩子學會控制記憶目標

心理學家做過這樣的實驗：

把被實驗者分為兩組，讓兩組都在同一塊麥地裡開展割麥比賽。第一組在左邊，第二組在右邊，兩組參賽人數和麥田的面積完全相同，唯一不同的是，第一組這邊的田埂上，每隔一米就樹立一面紅旗，而第二組那邊田埂則沒有設立紅旗。

兩組被實驗者同時開始割麥，結果顯示，第一組的勞動速度遠遠比第二組要快得多。同時還發現，第一組的參賽人員在越靠近終點時，速度越快，效率越高。

第二天，心理學家又做了一次同樣的實驗，但不一樣的是，兩組的位置換了一下，第一組在右邊，第二組在左邊，兩組同時開始割麥，麥田面積也相等。結果顯示，第二組的勞動速度遠遠比第一組要快得多。

實驗結果表明：所要達到的目標越近，目標的驅動力就越大。

記憶也是同理，如果讓孩子既要記憶英語的內容，又要記憶語文的內容，同時還要記憶地理、數學等等內容，那麼，孩子還沒記就會覺得壓力很大，意志就會出現退縮。

這是因為，應該記憶的事物太多，人的腦海中就會出現許多記憶目標，干擾人的記憶活動。孩子一般不善於控制自己的記憶目標，那麼，他就有可能在這麼多的記憶內容面前迷失自己，越來越記不住，對自己越來越沒信心，從而形成惡性循環。

因此，要讓孩子學會把許多個目標分開來執行，一段時間內只為一個目標而努力，這有利於排除其他記憶任務的干擾，讓孩子專心致志去完成一個記憶目標。

陳念貽是中國著名科學家。他年輕時很想考大學，但是，他的英語水平幾乎為零，因為他沒有學過英語。

為了考上大學，陳念貽決定突擊自學英語。怎樣才能在最短的時間內學好英語呢？陳念貽想出了一個辦法。這個辦法就是單一讀書法，集中精力讀英語，不受其他書籍的干擾，爭取攻破英語這個堡壘。

陳念貽想到做到。在自學英語的那段日子裡，他把房間裡其他的書籍封存起來，只剩下英語書一種。然後，陳念貽整天捧着英語書背讀，把自己完全融入英語的世界中。

儘管如此，第一天的學習效果並不如意，他只記住了 8 個單詞！而且，讓他頭痛的是，在第二天早上複習的時候，他發現自己已經忘掉 3 個了！

但是，他並沒有放棄這種方法，第二天他繼續使用單一讀書法。結果第二天還是只記住了幾個單詞。陳念貽並不氣餒，他堅持使用單一讀書法，把自己的精力完全放在英語學習上。

一個星期堅持下來，陳念貽慢慢掌握了英語學習的規律，一天能夠記住 20 多個單詞了！這讓他非常興奮，他繼續單一學英語。一個月後，他完全掌握了英語學習的規律，每天能夠記住

50 多個單詞！

工夫不負有心人，兩個月後，陳念貽已經掌握了四五千個英語單詞，能夠輕鬆閱讀英文版的《讀者文摘》了！

在掌握一定量的英語單詞後，陳念貽又把目標轉向了英語語法和英語寫作。他先集中精力花了一段時間學習英語語法；然後又專門花了一段時間背誦 500 篇英語範文。結果，一個月後，他居然能夠寫出漂亮的英語文章了！

就這樣，陳念貽花了三個月的時間就學會了英語，並以第 25 名的優異成績考入了清華大學。後來，陳念貽又用此法學會了德語、法語、俄語和日語。

可見，專心致志去記憶一個目標時，由於拋開了其他記憶內容的干擾，效果就會相當好。

因此，如果孩子的記憶目標很大，比如，這個學期要背 2 000 個單詞，這個長遠的記憶目標會讓孩子覺得難度很大。父母可以教孩子把長遠的目標分割成若干個小目標，同時確立近期目標，以近期目標來激勵自己。比如，每天背 20 個單詞，那麼，堅持下來，只要三個多月的時間，孩子就可以記住 2 000 個單詞了。而且，每記住 20 個單詞，孩子就會覺得完成了一定的任務，就能增強信心，在信心的引導下，孩子的記憶力就會越來越好。

第**29**種方法

讓孩子學會列表

馬克．吐溫之所以具有出色的演講才能，主要依靠他非凡的記憶力。

每當背誦自己的演講稿的時候，他總是找一張圖來，把文章中的一些詞在圖上點來點去，最後捏着圖，來回踱步，嘴裡唸唸有詞，不用多久，一篇又長又複雜的演講稿就這樣記住了。

列表是把需要記憶的內容集中起來，進行一定的整理、分析和概括，然後把重點內容放在表中適當的位置上以幫助記憶的一種學習方法。一般情況下，當孩子整理出一張表格後，他對表中內容的條理脈絡也就非常清晰，對知識點的記憶也非常深刻了。

列表的類型很多，總的來說有下列幾種：

1. 一覽表

即站在全局的角度，對需要記憶的內容進行整理，以掌握其相互關係，便於全面記憶的一種表格。

例如，把中國歷朝開國皇帝做成一覽表如下：

秦朝——秦始皇嬴政；

西漢——漢高祖劉邦；

東漢——光武帝劉秀；

西晉——晉武帝司馬炎；

東晉——元帝司馬睿；

隋朝——隋文帝楊堅；

唐朝——唐高祖李淵；

宋朝——宋太祖趙匡胤；

遼代——遼太祖契丹族首領耶律阿保機；

金代——金太祖女真族首領完顏阿骨打；

元朝——元世祖忽必烈；

明朝——明太祖朱元璋；

清朝——清太宗皇太極。

2. 比較表

即對需要記憶的內容進行比較和分類，掌握各種記憶內容的特點以幫助自己記憶的一種表格。

如記憶形體相關聯的字：

（1）馬（篤、罵）、烏（嗚）、鳥、鳴、雞、鴨、鵝、鳩、鴆、鵬、鳶、鴛、鴦……

（2）口、日、曰（白、百）、田（畝、苗）、甲（呷）、由、申（坤、伸、抻、呻）、電……

（3）艮、良、狼、狠……

（4）甬、俑、蛹、踴、桶、痛、勇……

（5）乜、也、他、池、地、馳、弛……

3. 統計表

即把帶有數據的記憶內容製成表格，以方便自己更好地記憶這些數據。

4. 關係表

即用簡單的圖式把需要記憶內容之間的關係表示出來，以便於形象記憶的一種圖表。

5. 示意圖

即把需要記憶的內容圖畫化，以加強自己的形象記憶的一種表格。當然，畫圖時要線條簡潔，立意新穎，最好用不同顏色的筆來表示。

不管是哪種列表，在製作列表的時候，都要經過下面的步驟。首先，要根據記憶的需要對記憶材料進行分類，確定這些記憶材料適合編製哪種類型的圖表；其次，要分析和歸納這些材料的特徵，比較這些材料的異同點；再次，要按照不同類型表格的規格和形式來編製列表；最後，根據列表的項目，把需要記憶的主要內容填寫到表格當中。

第**30**種方法

讓孩子多與他人交談

第一次世界大戰後，法國出現了一個叫「布爾巴基」的集團，這是由一些志同道合的青年人組成的組織，他們在一起讀書，討論學問。雖然他們起點較低，基礎比較薄弱，但是，他們都雄心勃勃，大膽地交流自己的看法，對一些自己感興趣的問題，一定要辯個水落石出才罷休。就這樣，在不斷的「爭論」中，他們弄懂並記住了不少精深的東西，終於在 1939 年出版了著名的《數學原本》。

英國科學家卡羅爾在《科學漫步》中談道：「如果可能，找個和你一起讀書的好友，和他一起討論書中的疑難之處。討論常是潛移默化地解決難題的最佳方法。」討論往往能夠激發一個人的學習興趣，更能夠解開心中的疑問。

愛因斯坦在學習的時候，喜歡與同學、朋友討論自己學過的內容。

早在上中學的時候，他就經常與兩個青年朋友在一起學習和討論各家哲學著作，談論哲學和科學的各種問題。

進入大學後，愛因斯坦仍有這個習慣，在蘇黎世工業大學讀書時，他與馬爾塞耳．格羅斯曼建立了真正的友誼，兩人經常在一起學習，討論學習中遇到的問題。

後來，馬爾塞耳．格羅斯曼成為一所大學的數學教授，而愛因斯坦則主要研究物理學。但是，兩人並沒有放棄互相討論的習慣。

愛因斯坦在創立廣義相對論的時候，曾遇到許多涉及數學的問題，都會自然地想到馬爾塞耳．格羅斯曼，通過與他進行深入的探討，愛因斯坦最終確立了廣義相對論。

根據心理學的觀點，交談時，尤其是爭論時，當自己陳述的材料和講述的觀點被大家承認、接受，甚至讚許時，自己心裡會有一種欣慰感、快樂感，大腦會興奮起來，使記憶力增強，從而更有效地記住已掌握的知識；當自己陳述的材料或講述的觀點被人反對時，自己心裡會感到「吃驚」，當別人說得正確時，便會仔細聆聽，虛心接受，從而加深對新內容的記憶。可見，交談和爭論是一種良好的促進記憶的方法。

父母要鼓勵孩子多與同學和朋友交談，尤其是遇到不明白的問題時，一定要多問，哪怕自己的想法與他人的想法不一樣，也要敢於辯論，以達到修正自己的看法、加強記憶的目的。

英國哲學家培根說：「討論猶如礪石，思想好比鋒刃，兩相砥礪會使思想銳利。」因此，父母要教育孩子，當自己的想法與他人不一樣時，要敢於說出來，在觀點上的爭論是正常的，但是注意不要攻擊他人人格等，以免造成不愉快。

親子活動

記憶偏差遊戲

父母朗讀下面這段文字，讓孩子仔細聽，然後讓孩子回答問題。注意只能朗讀一次！

有一輛公共汽車載了 8 位乘客由總站出發，開到了第 4 站。

在該站，有 3 個人下車，5 個人上車。

到了下一站，有 4 個人下車，5 個人上車。

再下一站，又有 4 個人下車，但是沒有人上車。

再下一站，有 6 個人下車，然後有 2 個小孩和他們的母親上了車。

再下一站，又有 2 個人下車，並有 11 位老人上車。

再下一站，有 9 個人下車，4 個人上車，其中有 3 位是女性。

接着再下一站，沒有人下車，但有 4 個人上車。

再下一站，有 1 個人下車，不過他又上了車。

問：公共汽車由總站出發後，一共停了多少次？

親子感悟：

大部分的孩子都會把注意力集中在上了多少個人，下了多少個人，最後還有多少個人上，很少有孩子會把注意力集中在公共汽車總共停了多少次。這是因為，孩子在傾聽父母的朗讀時缺乏目的性，因此，對於公共汽車總共停了多少個站這麼簡單的問題卻沒有去感知，結果出現無法記憶的情況。因此，記憶的目的性非常重要。

親子閱讀

梅文鼎的「四不怕」

清代著名數學家梅文鼎是17世紀世界上最有成就的數學家之一，與英國的牛頓、日本的關孝和齊名。梅文鼎在讀書的時候，有「四不怕」。

一是不怕難。遇到難懂的地方，梅文鼎從不繞開，他常常為了弄懂一個難點，忘了吃和睡。

二是不怕煩。梅文鼎喜歡讀一些流傳很久的、殘破不全的數學書。儘管這樣的書讀起來前文不接後語，很麻煩。梅文鼎總是耐心地設法抄寫，湊成完整的本子。遇到模糊的字或者不通的句子等，梅文鼎總是認真去翻閱其他工具書，一直到弄清楚為止。

三是不怕苦。梅文鼎是一個讀書非常勤奮的人，當時，梅文鼎跟劉輝祖住在一起，劉輝祖非常佩服梅文鼎苦讀的精神。他說：「每天夜裡鼓樓上已經打四更了，梅文鼎還在燈下讀書。天剛蒙蒙亮，他又起床讀書了。」

四是不怕丟面子。梅文鼎在讀書的時候根本不顧自己的面子，他總是喜歡向人請教自己不懂的問題。每次，他都把自己不懂的問題記在本子上，遇到懂得數學的人，不管對方是老師還是年輕的學生，他都會問到底，一定要把問題弄清楚。

親子感悟：

學習和記憶並不是一件輕鬆的事情，除了要保持良好的心態、在快樂的狀態下去學習外，也需要對自己進行一定的控制，努力用自己的意志去學習和記憶。

第4章

教給孩子一些記憶方法

良好的方法能使我們更好地發揮運用天賦的才能，而拙劣的方法可能阻擋才能的發揮。

——法國生理學家貝爾納

應當記憶的不是結論，而是方法，方法是有彈性的，它可以在生活的任何場合應用，而結論呢，因為它和某種特定的條件有關聯，它是一種凝固的東西。

——美國廣告巨人艾·拉斯克爾

第31種方法

諧音記憶法

有這樣一則笑話：

老師問：「你有什麼特長？」

學生答：「老師，我的腿特長。」

許多人會笑這個沒有理解老師意思的學生，事實上，他就是在諧音上鬧出了笑話。

中國的漢字裡面有很多音同字不同的現象，這就給我們的記憶創造了一個條件，那就是利用諧音來記憶。比如，孩子在學英語的時候會把「Chinese」記成「拆你死」，把「desk」記成「代斯科」。這都採用了諧音記憶的方法。因此，父母可以幫助孩子進行諧音記憶的訓練。

傳說以前有位老師，經常用上課時間上山與和尚喝酒，上山前給學生佈置作業，讓學生去做，學生完不成作業要捱批評。

有一天，這位老師又要上山了，臨走要學生背圓周率到小數點後 20 位（3.14159265358979323846 26）。這下子把學生難住了，反覆機械地背，還是背不出，大家非常苦惱。

後來，有位聰明學生運用諧音法和形象法編成了一段故事，大家很快就背誦如流。

他編了個什麼故事呢？他編的是老師喝酒的故事：山巔一寺一壺酒，爾樂苦煞吾；把酒吃，酒殺爾，殺不死，樂而樂。

數字諧音成文字的事例是最多的。如電話號碼、歷史年代、數學公式等。當然，與數字諧音的文字也是很多的。例如：

零：零凌菱陵玲羚齡拎鄰憐聆林淋琳臨霖鱗磷靈；

一：衣依醫佚益邑夷姨怡易溢裔翼譯亦意抑；

二：兒而爾耳餌洱；

三：山杉刪珊衫散扇煽；

四：似飼嗣司飼肆私師獅仕市柿氏視私絲死屍石識史是室寺思撕斯；

五：吳吾巫毋午司梧午誤惡物屋污烏武舞件務；

六：劉留流溜瘤柳；

七：奇歧崎齊旗棋迄泣氣契乞啟豈起戚淒愁騎期祁企器漆其；

八：叭笆巴吧疤拔把靶琶；

九：究舅久糾韭酒就救舊揪廄舊臼。

當然，數字諧音並不一定要跟音一致，還可以加入聯想的成分。例如，人們經常把考試得零分稱為「零蛋」，於是，零可以諧音為「蛋、但、旦」等，同時，零又可以理解為圓圈，則可諧音為「圓、圈、院、緣」等。因此，2710045780 可以諧音為：「你去一院，但是，我去八院。」

父母教孩子把某些零散的、枯燥的、無意義的識記材料進行諧音處理，以形成新奇有趣、富有意義的語句，這樣孩子就容易記住了。

不少人覺得記憶歷史年代是件很苦惱的事，不容易記住，而且還容易混淆。但是，要學好歷史，又必須記住歷史年代，於是，許多聰明人利用諧音法來幫助自己記憶歷史年代。例如，馬克思生於 1818 年逝世於 1883 年。那麼可以這樣記，「一爬一爬（就）爬（上）山（了）。」再如，甲午戰爭爆發於 1894，用它的諧音「一把揪死」，就非常容易記住。

是否運用諧音記憶法，需要根據具體材料而定。諧音記憶法一般適用於簡短的、無意義的零散材料，尤其是數字材料。

電話號碼 2641329，可用諧音記作：「二流子一天三兩酒。」同理，電話號碼 3145941 可記作：「（這件衣服）雖然少點派，但我就是要。」「少點派」即 $\pi = 3.14$，也就是 314。

諧音法有時可以同其他記憶方法結合起來運用，效果會更好。數字 513879，可記作：「五一國際勞動節那天，一個三八婦女揹了一支七九步槍。」再比如智利的首都「聖地亞哥」可記作：一個人的智力勝過他的弟弟卻不如他的哥哥，即「勝弟亞哥」。

從上例可以看出，諧音法結合了聯想，就可以給毫無聯繫的數字賦予一個有趣的情節，這個情節誇張鮮明，便於記憶。

運用諧音記憶時，要注意下面兩個問題：一是不能事事諧音。諧音記憶只可以用來記憶一些生澀的或是枯燥的內容，如果把好記的內容用諧音來記，可能會使記憶變難。二是諧音一定要準確。而且，最好加入一定的意義，不然會弄巧成拙，到時候回憶不出原來的內容，或者回憶得不確切。

親子活動

1. 讓孩子運用諧音記憶法來記憶 π 小數點後 100 位數字：

3.1415926535897932384626433832795028841971693993751058209749
445923078164062862089986280348253421170679

2. 讓孩子記憶下面幾個數字：

（1）珠穆朗瑪峰的高度 8848.13 米

（2）189158

參考思路：

1. 先設想一個酒徒在山寺狂飲，醉死山溝的情景：

山巔一寺一壺酒（3.14159），兒樂（26），我三壺不夠吃（535897），酒殺爾（932）！殺不死（384），樂而樂（626），死了算罷了（43383），兒棄溝（279）。（前 30 位）

接着，設想「死」者父親得知兒「死」後的心情及「死」者父親到山溝尋找兒子的情景：

吾疼兒（502），白白死已夠淒矣（8841971），留給山溝溝（69399）。山拐我腰痛（37510），我怕你凍久（58209），淒事久思思（74944）。（中間30位）

然後，父親在山溝裡找到兒子，並把他救活，兒子迷途知返：

吾救兒（592），山洞拐（307），不宜留（816）。四鄰樂（406），兒不樂（286），兒疼爸久久（20899）。爸樂兒不懂（86280）。『三思吧（348）！』兒悟（25）。三思而依依（34211），妻等樂其久（70679）。（最後40位）

2. （1）爬、爬、死爬，登一山。

（2）要發就要我發。

第32種方法

口訣記憶法

周恩來是個記憶力極強的人，他對中國的省、市、自治區的情況都很熟悉。

當年，周恩來曾把全國三十個省、市、自治區編成這樣的歌訣：

「兩湖兩廣兩河山，
三江雲貴吉福安，
雙寧四台天北上，
新西黑蒙青陜甘。」

其中，第一句指湖南、湖北、廣東、廣西、河南、河北、山東、山西；第二句指江蘇、浙江、江西、雲南、貴州、吉林、福建、安徽；第三句指寧夏、遼寧、四川、台灣、天津、北京、上海；第四句指新疆、西藏、黑龍江、內蒙、青海、陜西、甘肅。

在非洲許多原始部落裡，因為沒有文字，所以部落之間的消息都要靠傳消息的人把消息記下來，然後到另外部落再講出來。由於部落之間距離比較遙遠，往往要走上十天半月才能到達。這些傳消息的人為了不遺忘消息，就把所有的消息編成押韻的口訣或者歌謠來幫助記憶。

把記憶材料編成口訣或合轍押韻的句子來提高記憶效果的方法，叫做口訣記憶法，也稱歌謠記憶法。口訣記憶運用很廣泛。例如，大家熟知的九九乘法歌、英語字母歌、珠算口訣等。這種方法可以縮小記憶材料的絕對數量，把記憶材料分成組塊來記憶，加大信息濃度，增強趣味性，不但可以減輕大腦負擔，而且記得牢，避免遺漏。

人的記憶是以「組塊」為單位的，每一個組塊內的信息量多少是相對的。一個字母可以看做一個組塊，一個單詞、一個詞組可以看做一個組塊，一個句子也可以作為一個組塊。組塊內部的信息不是各自獨立，而是相互聯繫的，如果善於把記憶材料分成適當的組塊，就能夠大大提高記憶效果。口訣記憶法就是符合組塊規律的一種記憶方法。

編口訣有許多種方法。

1. 特徵對比法

對於一些容易混淆的字，用特徵對比的辦法編成口訣特別便於記憶，容易分辨。

比如，己、已、巳幾個字容易混，可以編成這樣的口訣：堵巳不堵己（自己的己），半者和念已（已經的已）。

再比如，買、賣這兩個字很多小學生容易弄混，可以運用聯想法編成口訣：

少了就買，多了就賣。

在日常生活中，人們通常是缺少了什麼東西才買，「買」字恰恰比「賣」字少了個「士」字頭，因此可以聯繫起來記。

有些多音多義的漢字，容易讀錯，也可以使用對比口訣法來

記憶。比如：

民樂（yuè）隊，樂（lè）陶陶；

穿藏（zàng）袍，藏（cáng）貓貓；

迎朝（zhāo）陽，朝（cháo）前跑；

日落（luò）落（là）不下蓮花落（lào）。

這四個多音字的讀音和使用方法都包含在這個口訣中了。而且，這四句口訣連在一起就像一首有趣的歌謠。

2. 形象描述法

對於內容較多的記憶材料，可以運用形象描述的方法來加強記憶。

比如，要讓年幼的孩子記憶人的姓氏，可以編這樣的順口溜來記憶：

弓長張、立早章、木子李、三橫王、草頭黃、二馬馮、木可柯、口天吳、耳東陳、關耳鄭……

再比如，一個標點符號的順口溜使用的就是這種方法：

一句話說完，畫個小圓圈（。句號）

中間要停頓，小圓點帶尖（，逗號）

並列詞句間，點個瓜子點（、頓號）

並列分句間，圓點加逗號（；分號）

疑惑與發問，耳朵墜耳環（？問號）

命令或感歎，滴水下屋簷（！感歎號）

引用特殊詞，蝌蚪上下蹿（「」引號）

文中要解釋，兩頭各半弦（（）括號）

轉折或註解，直線寫後邊（——破折號）

意思說不完，點點緊相連（……省略號）

特別重要處，字下加圓點（·着重點）

口訣記憶要善於抓住記憶內容的關鍵，把要記憶的內容壓縮成短短的記憶口訣，幫助自己記憶。千萬不能是長長的一首歌謠，否則反而增加記憶的難度。如果編的口訣與要記憶的內容不太相關，或者比較生澀，不僅不能幫助記憶，反而會引起記憶困難。

比如，數學中的三角誘導公式可概括成兩句口訣：「奇變偶不變，符號看象限。」短短兩句概括了 54 個三角誘導公式的共同特點。要是把 54 個三角誘導公式的具體情況全都說一遍，就不容易記憶了。

另外，最好讓孩子根據需要自己動手編寫口訣，因為自己創造的東西容易在大腦中留下深刻的印象，幫助記憶。

親子活動

1. 請孩子利用口訣記憶法，編一首歌謠或小詩，記憶一年二十四節氣：

立春、雨水、驚蟄、春分、清明、穀雨、立夏、小滿、芒種、夏至、小暑、大暑、 立秋、處暑、白露、秋分、寒露、霜降、立冬、小雪、大雪、冬至、小寒、大寒。

2. 請孩子利用口訣記憶法，編一首歌謠或小詩，記憶化學中的金屬活動順序規律。

參考思路：

1. 《二十四節氣歌》

春雨驚春清穀天，
夏滿芒夏二暑連；
秋處露秋寒霜降，
冬雪雪冬小大寒。
上半年為六、二一，

下半年為八、二三；

每月兩節不更變，

最多相差一兩天。

2. 鉀鈣鈉鎂鋁，鋅鐵錫鉛氫，銅汞銀鉑金。

第 **33** 種方法

比較記憶法

德國哲學家黑格爾說過：「假如一個人能看出當前即顯而易見之異，譬如，能區別一支筆與一峰駱駝，則我們不會說這個人有了不起的聰明。同樣，另一方面，一個人能比較兩個近似的東西，如橡樹與槐樹，寺院與教堂，而知其相似，是要能看出異中之同，或同中之異。」

為了記住相似的內容往往需要對它們進行比較區別，比較記憶法就是對相似而又不相同的識記材料進行對比分析，弄清以至把握住它們的差異和共同點的記憶方法。

在語文課上，老師在黑板上寫下了己、已、巳三個字，要求同學們在五分鐘內查出這三個字的意思並記住這三個字。五分鐘後，老師擦掉了這三個字，並叫同學回答自己是怎樣記憶的。

但是，大部分同學還沒有完全記住，有些同學雖然記住了，也是靠死記硬背。這時候，老師叫到了允行，允行說：「『己』是自己的『己』，『已』是已經的『已』，『巳』是干支次序表中的『巳』。記憶的時候，我比較了一下這三個字，發現三個字的外形很像，它們的不同之處就是封口上，於是，我就記憶為『不封口為己，半封口為已，全封口為巳』。」

聽了允行的回答，老師非常高興。

可見，比較可以使我們精確地認識各種事物的固有特點，認識同類事物的共同特點。

比較的方法主要有以下幾種：

1. 對立比較法

即把相互對立的事物放在一起記憶，這樣能夠形成鮮明的對比，容易在大腦中留下清晰的印象。

例如，有理數和無理數可對立比較記憶為：

有理數包括整數、分數、有限小數和無限循環小數。其性質是：無最小，無最大，有順序性、稠密性和間斷性，永遠可以施行加減乘除四種運算（除數不為零）；無理數專指無限不循環小數；有理數和無理數統稱為實數。

2. 類似比較法

即把表面上極其相似的事物放在一起記憶，雖然這些事物表面上極其相似，但是，本質上卻是有差異的，放在一起記憶可以找出兩者的不同之處。

比如，用類似比較法來記憶下面容易混淆的數據。

（1）13 的平方為 169，14 的平方為 196。

（2）濃鹽酸的密度為 1.19g/cm^3，火警電話為 119，張騫第二次出使西域的時間為公元前 119 年。

（3）濃硫酸的密度為 1.84g/cm^3，郵編查詢電話為 184，黃巾起義的年代也為公元 184 年。

（4）空氣的密度是 1.293g/L，把最後一位的 3 略去為 1.29，

在 29 前再加個 4 正好是氧氣的密度，即 1.429g/L。可見氧氣比空氣略重。

（5）地球陸地面積為 1.49 億平方千米，地球距太陽的距離為 1.49 億千米。

（6）日地平均距離約 1.5 億千米，而地球表面積為 5.1 億平方千米，相當於整數和小數互換位置。

（7）日地平均距離 1.5 億千米。1.5 億千米被稱為一個天文單位，而太陽與冥王星的距離為 60 億千米，即 40 個天文單位。

（8）黃赤交角 23.5°，與南北迴歸線所在的緯度相等。地軸與黃道平面的夾角 66.5°，同南北極圈所在的緯度相等。

（9）二分二至四個節氣，是反映地球公轉過程中季節的晝夜轉換點，這四個節氣的日期分別為：春分——3 月 21 日前後，夏至——6 月 22 日，秋分——9 月 23 日，冬至——12 月 22 日前後。從春分算起，月份分別為 3、6、9、12，均為 3 的倍數，而日期分別約為 21、22、23、22。

3. 對照比較法

即指同類事物的不同表達方式之間的比較，是一種橫向對比。這種比較法可以把同類的材料同時並列，在記憶過程中進行比較。

例如，等式、代數式、方程的區別可用對照比較法來記憶：等式含有等號，代數式不含等號，方程是含有未知數的等式。

4. 順序比較法

即指新舊知識之間的比較，是一種縱向的比較。這種比較法是在接觸新知識時，把它與頭腦中已有的知識相比較，掌握它們之間的聯繫，找到它們之間的相同與不同之處的方法。

例如，用順序比較法記憶「七國之亂」和「八王之亂」。

「七國之亂」與「八王之亂」都是中國古代統一國家內部的戰亂，二者的區別有以下幾點：

（1）「七國之亂」發生在西漢初漢景帝時期，「八王之亂」發生在西晉初晉惠帝時期。

（2）「七國之亂」是七王聯合對付朝廷，「八王之亂」是八王混戰。

（3）「七國之亂」三個月內被平定，「八王之亂」歷時 16 年。

事實上，不管是哪一種比較記憶法，都有兩種比較技巧：

一是同中求異。

在記憶過程中，你會發現有許多事物都具有相似性。因此，在識記過程中，要在事物的共同點或相似點的基礎上儘量找出其不同點。因為事物越相似，則記憶越易發生錯誤。有的細節往往是某個事物區別於另一事物的關鍵，要記得準，記得精確，不出或少出差錯，就要把容易混淆的事物的細節放在一起進行對比，找出每個事物的特殊點，從這些特殊點去記憶。

如，在記憶以下幾個相似的字時，就可以運用同中求異法。燒（shāo）、澆（jiāo）、繞（rào）、撓（náo）、僥（jiǎo）、饒（ráo）、曉（xiǎo）、嬈（ráo）。

可以這樣來記憶：用火燒（shāo），用水澆（jiāo），用絲繞（rào），用手撓（náo）；靠人是僥（jiǎo）倖，食足才富饒（ráo），日出為拂曉（xiǎo），女子更妖嬈（ráo）。這樣，通過把相似的幾個字放在一起組詞後記憶，不僅不會記錯字，而且對這幾個字的意義也更加明瞭了。

二是異中求同。

許多看似不相關的事物，只要認真去比較，就會發現它們之間具有一定的聯繫。記憶是建立在聯繫的基礎上的，要有效地進行記憶，就必須確定事物之間的聯繫，而且這種聯繫越緊密，記憶便越易建立和鞏固。如果只看到事物之間的不同點，而看不到它們之間的共同點和相似點，就很難把它們保持在自己的記憶之中。

如，13 的平方為 169，14 的平方為 196。13 和 14 的平方本來是不同的，但是兩者的相似之處就是 169 和 196 中只有 6 和 9 的次序是不一樣的，數字卻是一樣的。

再比如，地球陸地面積為 1.49 億平方千米，地球距太陽的距離為 1.49 億千米。兩者一個是面積，一個是距離，顯然是不同的。

但是，相似點有兩點：都是跟地球相關的；數字是一樣的。不一樣的是單位，面積為平方千米，距離則為千米。

對於比較複雜的問題，可以用表格或集中在一起進行比較，如：

<table>
<tr><td rowspan="2">新陳代謝</td><td>同化作用</td><td>原生質的合體
能量的貯存</td><td rowspan="2">物質代謝</td></tr>
<tr><td>異化作用</td><td>能量的釋放，
原生質的分解</td></tr>
</table>

一個用心編製出來的圖表，會使人思路清晰，記憶深刻。以後回想時，只要想到這個表格，就能輕鬆地想起表格上的其他內容，這樣，記憶就非常牢固了。

親子活動

讓孩子運用比較記憶法來記憶自然數和整數。

參考思路：

自然數和整數對比如下：

自然數即正整數，性質是：有最小，無最大，有順序性，永遠可以施行加乘兩種運算。

整數包括正整數、負整數和零，性質是：無最小，無最大，有順序性，永遠可以施行加減乘三種運算。

第 **34** 種方法

規律記憶法

有一次，愛因斯坦的一位朋友給他打來電話，在掛電話之前，朋友要求愛因斯坦記下電話號碼，以便以後聯絡。

「我的電話號碼不容易記。」朋友不好意思地說。

「說吧，我聽着。」愛因斯坦說，但他並沒有打算拿筆來記。

「24361。」朋友唸道。「太好記了！」愛因斯坦說，「兩打與 19 的平方。」

「什麼？」朋友有點疑惑。

「哦，沒什麼，你的電話號碼很好記，我記住了！」愛因斯坦回答。

原來，愛因斯坦一聽這串數字，馬上就去尋找規律，兩打即 24，19 的平方即 361，所以他輕輕鬆鬆就記住了朋友的電話號碼。

一般來說，事物之間總有一些規律存在，找出事物之間的聯繫和規律來促進記憶的方法就是規律記憶法。例如，歐姆定律 $I = U/R$，理解到電流與電壓成正比，電流與電阻成反比，這樣就很容易把歐姆定律記住了。比如，要記住下面這串數字：

816449362516941

利用規律法，可以把這串數字整理成：

81 64 49 36 25 16 9 4 1

這樣，就可以看出，這串數字其實是 9 的平方、8 的平方、7 的平方、6 的平方、5 的平方、4 的平方、3 的平方、2 的平方和

1 的平方連接起來，這樣，就非常好記憶。

再比如，要記 475869 這串數字。整理一下後可以變成 47 58 69，它們的規律是從 47 開始，加 11，再加 11。還可以看出它們是 4、5、6 與 7、8、9 兩組連續數的交叉。

規律記憶法尤其適用英語單詞的記憶。

比如，英語構詞法之一的派生法也叫詞綴法，就是在詞根前面或後面加上前綴或後綴就構成了新的詞。如 work（工作）後面加綴 er，就構成了新的詞 worker（工人）。英語構詞法之二合成法。例如 c1ass（課）+ room（房間）就構成了 classroom（教室）。如 every（每一）+ one（一）就構成 everyone（每人）。some（一些）+ body（人）就構成了 somebody（某人）。my（我的）+ self（自己）就構成了 myself（我自己）。

依據不同內容特點，還可尋找其他規律。例如，人體有 105 個骨關節，206 塊骨骼，639 條肌肉，可以編成一個順口溜：105，206，6（加）3（得）9 —— 639。

親子活動

讓孩子用規律記憶法記憶下面這串數字：816449362516941。

參考思路：

稍加整理分為 9 組：81 64 49 36 25 16 9 4 1

於是變成：9×9 ＋ 8×8 ＋ 7×7 ＋……1×1。最後把「＋」號去掉，這串長長的數字就記住了。

第35種方法

精選記憶法

許多人都知道「優選法」，這個由著名數學家華羅庚教授發明的方法曾經風靡全中國。

優選法可以應用在各行各業，可以幫助我們合理地安排實驗，在較短的時間內找到合理的配方、合適的條件與最佳的途徑。

精選記憶法就是根據這個原理歸納出來的。它是在記憶領域裡進行精選，把最需要的、最實用的材料輸入大腦，並編碼儲存，以使記憶效果更加突出的方法。

古時候，有的人記憶力極好，甚至可以把文章倒背如流，過目成誦。可是，鄭板橋卻看不起這種人，把他們叫做「沒分曉的鈍漢」。鄭板橋認為，如果不分主次、輕重，不管有用、無用，一股腦兒全都背下來就是「沒分曉」，良好的記憶要挑選最重要、最有意義的內容去記憶，同時要力求理解。前蘇聯作家巴烏斯托夫斯基說：「記憶，好像是一個神話裡的篩子，篩去垃圾，卻保留了金沙。」當一個人在記憶某一段材料時，記憶並不是按順序進行的。往往是先記住了其中一段，也許是第一段，也許是中間的某一段，都有可能，然後再記住更多的，直到全部記住為止。這是因為記憶有一個自動選擇的機能，它往往根據自身的興趣來選擇要記憶的重點。

1956 年春天的一個中午，著名畫家齊白石事先未聯繫，突然訪問周恩來，周恩來留他吃了午飯之後，親自送他回家。

齊白石見家裡無甚待客，便叫人去買了一盤蘋果。周恩來馬上削了一個遞給齊白石。

齊白石風趣地說：「請客人先用。您也是『不速之客』，我們沒有準備，對不住，對不住。」

周恩來邊吃邊笑着說：「今天款待我吃蘋果，蠻不錯嘛，比您過去『寒夜客來茶當酒』好多了。」

齊白石一聽，會心大笑，他遇到了最貼心的知音。

原來，「寒夜客來茶當酒」是齊白石 20 世紀 30 年代所作的一幅畫上的題詞。這幅畫許多人都沒有見過，周恩來記得如此清晰，除了他記憶力特別好之外，恐怕是特別欣賞這幅畫，所以印象特別深的緣故。

周恩來在治學時也非常注意選擇。他在《我的修養要則》中闡述了這樣的觀點：「加強學習，抓住中心，寧精勿雜，寧專勿多。」

愛因斯坦的傳記中記載了他的治學方法：在所閱讀的書本中，找出可把自己引到深處的東西，把其他一切統統拋掉，就是拋掉使頭腦負擔過重和會損害記憶要點的一切東西。愛因斯坦注意記憶的是最重要的東西，而不是那些可有可無的廣博知識。

中國當代語言學家呂叔湘說：「各門學科都有一些基本的知識要記住，基本公式、規律要記住，這是不錯的，但是，不是所有的七零八碎的繁瑣的東西都要記住。」

可見，學習必須有選擇，記憶也必須有選擇。因此，父母應該教孩子有選擇地記憶，記憶那些最重要、最有意義、最有價值的材料。

當然，抓住重點記憶並不是說不用記其他的內容，而是指在抓住重點之後，再記其他內容就比較容易了。

有位小學生在談到精選記憶法時說:「修辭格有數十種之多，但常用的不過十幾種。在認真學習每種修辭格之後，我把常用的 12 種修辭格濃縮成順口溜：『比喻、借代、比擬、誇張、雙關、反語、設問、反問、反覆、對照、對偶、排比』，並且以這 24 個字為主，列成一張表。在編排中，除了讓它好讀、押韻，便於記憶外，還把容易混淆的放在一起，用箭頭標出，在下邊用簡練的語言註上聯繫與區別或特性，記住了順口溜也就記住了 12 個主要的修辭格，根據排列的位置，想到幾組修辭格的異同，進而想到它們的全部特點。這樣，在分析句子時就能做到條理清晰，不易混淆和遺漏了。」

親子活動

請孩子閱讀下面的小故事，並回答問題：

愛因斯坦曾經遇到過這樣一件事。在他獲得諾貝爾獎的時候，一群好奇的青年想考考他的記憶力，他們問愛因斯坦：「請問，聲音在空氣中的傳播速度是多少？」

面對這個提問，愛因斯坦幽默地回答：「關於聲音的速度問題，十分遺憾，確切的數字眼下我答不上來，不過這完全可以在物理課本上找到答案，而我的頭腦要留着思考書本上還沒有的東西。」

問：愛因斯坦這麼偉大的科學家，為什麼連聲音在空氣中的傳播速度都沒有記住？

____

____

第 **36** 種方法

聯想記憶法

許多人不知道瑞典和德國的國土的形狀，卻都知道意大利的國土形狀，這是因為意大利的國土形狀像一隻靴子，由於大家都對靴子的形狀比較熟悉，因此，意大利國土的形狀也就記住了。

美國記憶術專家哈利・洛雷因說：「記憶的基本法則是把新的信息聯想於已知事物。」聯想記憶法就是利用聯想把要記憶的信息與已知的事物聯繫起來以增強記憶效果的記憶法。

聯想是促進記憶的有效方式之一，利用聯想可以減少知識的枯燥感，讓記憶變得更加簡單。有一句俗語叫做「一朝被蛇咬，十年怕井繩」。意思就是，如果一個人被毒蛇咬了一口，他很多年都難以忘記這個事情，以後再看到像蛇一樣的東西都會聯想到這件事。所以，記憶過程中使用聯想會達到過目不忘的效果。

例如，讓孩子認識浮沉的知識點時，可以拿出大小、顏色都相同的氣球、皮球各一個，讓孩子發揮聯想，想出多種不同材料的球有什麼特點，讓孩子在發散思維中達到記憶的最佳效果。

聯想記憶法一般有以下幾種方式：

1. 接近聯想

如果兩個事物在時間上或空間上有接近的關係，就可以通過由此事物聯想到彼事物的接近聯想來促進記憶。

2. 類比聯想

如果兩個事物在性質上有相似性，可以通過對一件事的感知和回憶引起和它在性質上相似的事物的回憶，這種記憶法就是類比聯想記憶法。例如把安靜、寧靜、平靜等詞語放在一起進行記憶就屬於類比聯想記憶法。

在學習單詞時，可以運用類比聯想法，把字形、字音相近，能互相引起聯想的字編成一組一組的，方便記憶。

比如，北京某小學在低年級試驗的一種集中識字的方法，可使學生在兩年內認字 2 500 個，這種識字法就運用了類似聯想記憶法的道理，把字形、字音相近，能互相引起聯想的字編成一組一組的，像把「揚、腸、場、暢、湯」放在一起記，把「情、清、請、晴、睛」放在一起記。每組漢字的右邊都相同，每組字的漢語拼音也有共性，前一組的漢語拼音後面都是「ang」，後一組的漢語拼音都是 qing，這樣就可以學得快、記得住。

再比如，學習 name（名字）時，可以同時學習 fame（名聲，名譽），game（遊戲，娛樂，比賽），lame（跛的），same（相同的，同樣的），tame（馴服的，溫馴的）；在學 bake（烘，烤）時，可以同時學習 cake（蛋糕，餅乾），fake（騙子），lake（湖），make（製造），sake（緣故），take（拿，抓，握），wake（醒）。如果仔細看，就會發現這組單詞僅僅左端一個字母不同，右邊的三個字母完全相同。運用這種方法，可同時記住多個拼寫相近的單詞。

3. 對立聯想

許多事物往往具有對立面，如果用某一事物感知或者回憶引起與它有相反特點事物的回憶，這種記憶法就是對立聯想，它反映了事物間的對立性。

例如，在語文和英語學習中，經常會把反義字集中起來對照，在數理化學習中，經常會把對立的公式、規律、逆定理收集起來記憶，這些都是對立聯想記憶法。

據心理學家的研究，兒童的對比聯想十分豐富，比如兒童看電影，常常要問哪個是好人、哪個是壞人就是這個道理。因此，父母可以引導孩子運用對立聯想法去記憶。

4. 因果聯想

事物總是有因有果，利用事物間的因果關係，由此事物聯想到彼事物的方法就是因果聯想記憶法。記憶數學公式、物理定律、化學反應、語法規則等均可運用因果聯想記憶法來增強識記效果。

5. 荒謬聯想

3 000 多年前，古埃及人在《阿德·海萊謬》上這樣記載：「我們每天所見到的瑣碎的、司空見慣的小事，一般情況下是記不住的。而聽到或見到的那些稀奇的、意外的、低級趣味的、醜惡的或驚人的、觸犯法律的異乎尋常的事情，卻能長期記憶。那些平常的、司空見慣的事很容易從記憶中漏掉，而一反常態、違背常理的事情，卻能永遠銘記不忘，這是否違背常理呢？」事實上，這裡說的就是荒謬聯想記憶法。

荒謬聯想指的是非自然的聯想，可以是誇張，也可以是謬化。例如把自己想像成外星人。在這裡，誇張是指把需要記憶的東西進行誇張，或縮小，或放大，或增加，或減少等；謬化，是指想像得越荒謬，越離奇，越可笑，印象就越深刻。

荒謬聯想有三個規律：

第一個規律是聯想到的內容必須新奇好笑。3 000 年前寫在羊皮紙上的古書，就已經闡明這種道理：「人對普通的事不容易記住，只有對新奇、神秘、驚訝等事，一見就牢記在心，而且久久不忘。」

例如，當我們把「汽車」和「司機」作為聯想對象時，我們通常會想像成一個司機開着一輛汽車在公路上行駛，這種想像是很平常的，因此往往很難留下深刻的印象。如果，你想像成一個司機拎着汽車往山上走去，這樣的想像雖然不合邏輯，但是，離奇的想像會讓你留下深刻的印象。

第二個規律是聯想到的事物有動態，讓需要記憶的事物動起來，就像演電影一般。

再以「汽車」和「司機」為例，想像着力大無比的司機拎着巨大的汽車，還可以想像成司機一腳就把汽車給踩扁了。這種想像由於有動作，留下的印象就會比較深刻。

第三個規律是把某一事物想像得比實際大、數量比實際多，從而能迅速記憶這個事物。

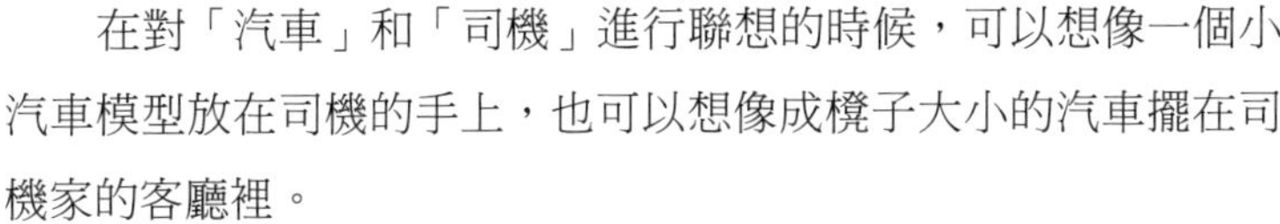

在對「汽車」和「司機」進行聯想的時候，可以想像一個小汽車模型放在司機的手上，也可以想像成櫈子大小的汽車擺在司機家的客廳裡。

這三種方法都是荒謬聯想的好方法，只要把握住以上三種方法，就能逐步地把兩個、三個事物結合起來，在頭腦中留下更深刻的印象。

心理學家威廉·雅姆說過：「記性好的秘訣就是根據我們想記住的各種資料來進行各種各樣的聯想。每種聯想成了掛資料的鉤子，有了這個鉤子，如果資料掉了下來，就能夠再把它掛上去。」聯想的前提是，這兩個事物有一定的關係，找到它們之間的關係就可以非常容易地進行聯想記憶了。當然，有些聯想看起來有些怪誕、荒謬，只有孩子自己才能想到，不過，這沒有關係，不管孩子怎樣去聯繫兩個事物，只要能讓自己準確快速地實現記憶，就是好的聯想！

親子活動

請孩子用聯想記憶法來記憶下列每組詞語，等孩子記憶完後，父母問一個詞語，要求孩子馬上回答與之對應的另一個詞語。

（1）火車——照片

（2）書桌——飛機

（3）報紙——天空

（4）老師——樹木

（5）媽媽——氣球

（6）小狗——蘋果

（7）導彈——小鳥

（8）足球——電腦

（9）書店——街道

（10）閃電——杯子

參考思路：

（1）火車上有一張列車長的照片。

（2）書桌上有一架飛機模型。

（3）把報紙糊在窗戶上，就可以把天空擋住了。

（4）老師站在一棵樹木旁邊。

（5）媽媽正在吹氣球。

（6）小狗津津有味地啃着一個蘋果。

（7）導彈打過去，竟然打中了一隻小鳥。

（8）足球的表面竟然是電腦顯示屏，你聽說過嗎？

（9）書店在街道的拐角處。

（10）閃電劃過就是響雷聲，杯子竟然被震裂了。

第37種方法

故事記憶法

夏目漱石是日本的一個作家，他的主要作品有《我們是貓》、《草枕》、《虞美人草》、《三四郎》、《從此》、《門》、《行人》、《一直到對岸》、《道草》、《明暗》。這麼多的作品要根據順序來記憶可不是一件容易的事。

日本有名的記憶專家阪井照夫卻一點都不認為難，他很輕鬆就把夏目漱石的所有作品按順序記了下來。原來，阪井照夫是這樣來記憶的：

《我們是貓》，枕《草枕》睡覺，草枕上畫着《虞美人草》，《三四郎》踐踏虞美人草，《從此》入《門》，門前蹲着來往《行人》，行人《一直到對岸》採《道草》，道草是有《明暗》之別的道草。

故事是每個孩子都喜歡看的。為什麼？當然是因為故事有情節、有內容，不但容易讓人記住，而且比較有意思。故事記憶法就是把需要記憶的內容編進故事當中以達到記憶目的的記憶方法。阪井照夫就是運用故事記憶法，不僅記住了夏目漱石的各種作品，而且又能按順序記住。

在記憶一些詞語或短句時，可以讓孩子把它們編一個故事，這個故事不要求真實，也不要求合邏輯，只要能夠讓自己記住就行。

例如，魯迅的文章有《狂人日記》、《孔乙己》、《從百草園到三味書屋》、《一件小事》、《故鄉》、《社戲》等。我們可以這樣來記憶：《狂人日記》寫的是《孔乙己》《從百草園到三味書屋》的過程，後來，他做了《一件小事》，回到《故鄉》，看了一場《社戲》。還可以這樣記憶：魯迅寫完《狂人日記》後，《從百草園到三味書屋》，找到《孔乙己》，請他幫忙做《一件小事》，然後回到《故鄉》看《社戲》。

再比如，茅盾心裡很矛盾，他在《子夜》寫完《白楊禮讚》後，反覆考慮着是不是去《林家舖子》養《春蠶》，因為蠶不會蛀《蝕》白楊樹。這樣，輕輕鬆鬆就把茅盾的5篇作品《子夜》、《白楊禮讚》、《林家舖子》、《春蠶》、《蝕》給記住了。

同樣，老舍的作品《茶館》、《駱駝祥子》、《龍鬚溝》、《四世同堂》可以這樣來記憶：老舍把他的房舍改成了《茶館》，並告訴《駱駝祥子》不要去《龍鬚溝》，要回老家過《四世同堂》的日子。

再比如，如何記憶中國人口在100萬以上的15個民族維吾爾族、回族、蒙古族、藏族、彝族、苗族、壯族、布依族、朝鮮族、滿族、侗族、土家族、哈尼族、瑤族、白族的名稱呢？

殷紅博老師是這樣來編故事的：吾（維吾爾族）有一粒棉花種子，放在盒子（回族）裡，用布蒙（蒙古族）上，藏（藏族）起來。後來種子發了芽（彝族，彝的拼音 yí）長成了壯（壯族）實的苗（苗族），並結了棉桃開出了棉花，棉花紡成線織成布，做件布衣（布依族）裳。衣裳真鮮艷（朝鮮族），我滿（滿族）意地穿起來。玩耍時去鑽洞（侗族），弄了一身土（土家族），別人看了哈哈（哈尼族）笑，而媽媽卻直搖（瑤族）頭，說：「這麼好的衣服白（白族）做了。」

再比如，細胞內包含的 18 種主要元素很不好記。可以編成這樣的小故事來記憶：細胞好比「生命工廠」，這個廠主要生產氫彈（氮）。該廠技術人員代號為 606（硫、磷、氯），他們手拿（鈉）鐵蓋（鈣），騎假羊（鉀、氧），傳為美談（鎂、碳）（以上 12 種為細胞中的主要元素）。他們常吃的食物是銅點心（碘鋅），吃完點心後就背古詩（鉬、鈷、鍶）。這樣就便於記憶了。

當然，故事最好由孩子自己去編，這樣，孩子在編故事的過程中，已經參與了記憶，等故事編完了，識記過程也完成了，把這個故事保持在記憶中也就是非常容易的事情了。

引導孩子運用編故事來幫助記憶時，父母不要過於看重孩子編了什麼故事，只要孩子編的故事能夠促進他的記憶就可以了。事實上，故事越誇張、越荒謬離奇且出人意料，孩子的印象就會越深刻，記憶效果自然也會越好。

親子活動

1. 請孩子用 30 秒的時間來記下面這組詞語，然後按順序複述出來。

鞋油、皮鞋、紙巾、牛奶、作業本

2. 請孩子用兩分鐘的時間來記下列 20 個毫不相干的詞組，然後按順序說出來。

蛋、椅子、菠蘿、犀牛、套裝、錄音機、褲子、水龍頭、香水、吊床、書架、箱子、杯子、牙膏、玻璃杯、寫字檯、雜誌、窗戶、游泳褲、磁盤

第 **38** 種方法

形象記憶法

父母與孩子一起先來做一個西維累爾擺動實驗，這個實驗是由 19 世紀澳大利亞化學家西維累爾發明的。

準備好一根長 25~30 厘米的細線，下端栓一枚大紐釦或小螺母，做成一個吊擺。再在一張紙上畫一個直徑為 10 厘米的圓，並通過圓心在圓內畫一個十字。然後按下列步驟開始實驗：

第一步，平穩地坐在椅子上，兩肩放鬆，胳膊放在桌上，心情平靜，呼吸平緩，排除雜念。

第二步，用右手食指和拇指輕輕捏住細線，使下面的紐釦垂懸在圓心，高度距紙 3~5 厘米。

第三步，眼睛緊緊盯住紐釦，頭腦中則浮現出紐釦左右擺動的情形，如果一時想像不出紐釦擺動的形象，可以左右移動自己的視線（但千萬不要搖頭），同時暗示自己：紐釦開始擺動了。這樣，在不知不覺中紐釦就真的會擺動起來。這時，再進一步暗示自己：紐釦擺動得幅度越來越大了。

第四步，如果停止想像紐釦擺動的形象，紐釦就真的會慢慢停止擺動。

第五步，熟悉以上方法後，還可以用想像隨意讓紐釦做前後擺動、對角線擺動或者繞圓周旋轉。也可以把紐釦懸在玻璃杯裡，通過冥想使其碰杯子內壁，當然，想要碰幾下完全按自己的意願。

為什麼會出現這種有意思的情形呢？

實際上，這是大腦中的手或手指活動的形象記憶在起作用，因為任何人的手或手指都有過前後、左右撓動的經歷，這就是撓動的形象，不論自己是否意識到，這個形象記憶已經深深地印在腦海中了。可見，形象記憶往往能夠很深刻。

一般來說，形象感知是記憶的根本。形象記憶指的是以感知過的事物的形象為內容進行記憶的一種方法。這些事物的形象主要包括事物的形狀、體積、質地、顏色、聲音、氣味等等感性材料。記憶對於這些感性材料的識記、保持和重現往往帶有顯著的直觀性和鮮明性，這樣，記憶效果相對會好一些。

日本的小松原三夫先生是位很有名望的高爾夫球教練。他在教初學者時，總是採用形象描繪的方法，而且很有效。

比如，在教站立姿勢時，他不是反覆地對初學者講解那些腰的姿勢和腳的位置，他對初學者這樣說：「假如地上放置一塊又大又重的石頭，用雙手把它托至齊腰高，請各位試一試。首先，腰部上挺，臀部應該稍向後抬，膝稍彎曲，緩緩挺起後背，這就是搬起石頭的姿勢。搬起重物時，腰部必須往上挺，兩膝則要往前弓，不這樣是搬不起重物的。」

對於怎樣揮動球棒，小松原三夫先生是這樣講解的：「把橡皮筋的下端固定住，用力拽另一端，這時，橡皮筋就有一股還原的力。如果這時橡皮筋下端沒固定住，可想而知，就產生不出還

原的力。開始打高爾夫球時，從後向下揮棒，其動作與此相同。把人體的下半身作為橡皮筋，扭動雙肩（因為人體也是彈性體），上身一轉動，就會產生還原的力。」

這樣，小松原三夫運用形象的方法使初學者輕輕鬆鬆就掌握了打高爾夫球的要領。

人的記憶都是從形象記憶開始的，孩子在出生 6 個月後就會表現出形象記憶，就能夠識記父母的面貌和聲音。隨着孩子年齡的增長，雖然抽象記憶能力在不斷提高，但是形象記憶一直是孩子記憶的一種有效方式。

形象記憶法要求孩子有充分的想像能力。通過想像，許多記憶材料變得更加容易記憶。嚴格說來，形象記憶是一種相對而言，層次較低的記憶，但是，對處於小學階段的孩子來說，大多數內容需要通過形象記憶來掌握。

實驗證明，如果老師向孩子們出示十個形象的實物和十個抽象的詞語，然後當場讓他們回憶。結果，孩子們能回憶出八個實物，而詞語只能記起七個。幾天後，這種差異更加明顯，實物能回憶出六個，詞語卻只能回憶出兩個。

日常生活中，孩子往往喜歡直觀而形象的事物，父母要根據孩子的心理特點，利用具體直觀、生動鮮明的事物來激發孩子的興趣，幫助孩子去記憶。

比如，讓孩子記憶乘法口訣時，可以利用實物進行演示、講解，同時讓孩子自己動手去操作，這樣，他們就能夠很快理解並掌握口訣的內容。

比如，「雞蛋」的英文單詞是「egg」，儘管只有三個字母，卻不好記，記住了也容易忘，如果用形象附會的方式加以想像：兩隻母雞生蛋就是英文中的「蛋」，「g」是母雞，「e」就好像雞蛋的形狀，這樣既記得快，又記得準確。

總而言之，直觀的形象有利於促進孩子的記憶。親眼看，親手做，親耳聽，親口嚐，親身經歷得到的感性印象肯定要比間接得來的要鮮明得多。因此，對於低年齡段的孩子，父母一定要重視引導孩子使用形象記憶法來提高記憶效果。

親子活動

讓孩子用形象記憶法來記憶下面兩首詩：

靜夜思

李白

床前明月光，疑是地上霜。舉頭望明月，低頭思故鄉。

春望

杜甫

國破山河在，城春草木深。感時花濺淚，恨別鳥驚心。

烽火連三月，家書抵萬金。白頭搔更短，渾欲不勝簪。

第39種方法

字頭記憶法

在一次語文課上，老師教了柳宗元的《江雪》。經過老師的講解，同學們都了解了詩歌的內容，但是，老師卻要求同學們在課堂上當場記住這首詩，這可難煞了偉明，他默讀了幾十遍，但卻老是把四句詩的次序搞錯，背了上句忘了下句，這時，同桌的彬彬使勁向偉明眨眼，說：「偉明，看在我們同桌的分上，我教給你一個好方法吧。」

偉明懷疑地看着彬彬，有點不太相信，因為彬彬一向比較淘氣，他能有什麼好方法？但是，偉明還是虛心地請教了彬彬。彬彬神氣地說：「『千山鳥飛絕，萬徑人蹤滅。孤舟蓑笠翁，獨釣寒江雪。』這四句話可以概括為『千萬孤獨』，這樣，你在背誦的時候，只要記住第一句，其他的幾句也就想起來了。同時，你要想像在江中釣魚翁有千萬種孤獨的感覺。這個方法保證讓你很快記住這首詩。」

根據彬彬的方法，偉明果然記住了這首詩。

字頭記憶法就是抓住知識的主要內容、緊扣住關鍵字眼，把複雜的知識材料加以凝練、濃縮來記憶。字頭記憶法可以壓縮信息，增強記憶。

例如，五筆字型錄入漢字速度快，深受人們喜愛，但是，五筆字型字根太多，很難記憶。為了更好地記住字根，就可以採用字頭記憶法，只要記住每句助記詞的第一個字：王土大木工，目日口田山，禾白月人金，言立水火之，已子女又幺。

就可以用它們帶出每句助記詞：「11 王旁青頭戔（兼）五一；12 土士二干十寸雨；13 大犬三（羊）古石廠；14 木丁西；15 工戈草頭右框七；21 目具上止卜虎皮；22 日早兩豎與蟲依；23 口與川，字根稀；24 田甲方框四車力；25 山由貝，下框幾；31 禾竹一撇雙人立，反文條頭共三一；32 白手看頭三二斤；33 月彡（衫）乃用家衣底；34 人和八，三四里；35 金勺缺點無尾魚，犬旁留兒一點夕，氏無七（妻）；41 言文方廣在四一，高頭一捺誰人去；42 立辛兩點六門疒；43 水旁興頭小倒立；44 火業頭，四點米；45 之字軍蓋道建底，摘礻（示）衤（衣）；51 已半巳滿不出己，左框折屍心和羽；52 子耳了也框向上；53 女刀九臼山朝西；54 又巴馬，丟矢矣；55 慈母無心弓和匕，幼無力。」而且由此還記住了字根所在的鍵位。

再比如，中國四大石窟——雲岡石窟、龍門石窟、麥積山石窟和莫高窟石窟，由於四個石窟之間沒有必然的聯繫，記的時候經常遺忘其中的某幾個，可以提取四個石窟的首字雲、龍、麥、莫，記作：「雲龍賣饃」，並想像成一個叫雲龍的人在賣饅頭。

字頭記憶法的關鍵是要把記憶材料的首字提取出來，經過編排組成有意義的句子。當然，這裡可以採用諧音等方法使句子有實際的意義。如上例中的「雲龍賣饃」就是採用諧音的方法，把麥、莫諧音成賣饃，從而加強記憶效果。

再比如，四大佛教聖地——九華山、五台山、普陀山、峨眉山，取其字頭為九、五、普、峨，為了使這四個字組合起來有意義，我們可以記作：「九五之尊，普照峨眉」。這樣，在記憶的時候非常容易，記憶效果也非常的好。

小說家金庸把他的 14 部小說名中的第一個字連綴起來，組成了一副對聯：「飛雪連天射白鹿，笑書神俠倚碧鴛。」該聯中對應的作品依次是：《飛狐外傳》、《雪山飛狐》、《連城訣》、《天龍八部》、《射鵰英雄傳》、《白馬嘯西風》、《鹿鼎記》、《笑傲江湖》、《書劍恩仇錄》、《神雕俠侶》、《俠客行》、《倚天屠龍記》、《碧血劍》、《鴛鴦刀》。

還有人把中國古典文學名著編成這樣一首詩：「東西三水桃花紅，官場儒林愛金瓶，三言二拍贊今古，聊齋史書西廂鏡。」只要記住這首詩，便可記住 19 部古典文學名著。這 19 部古典文學名著是：《東周列國志》、《西遊記》、《三國演義》、《水滸傳》、《桃花扇》、《紅樓夢》、《官場現形記》、《儒林外史》、《金瓶梅》、《喻世明言》、《警世通言》、《醒世恆言》、《初刻拍案驚奇》、《二刻拍案驚奇》、《今古奇觀》、《聊齋誌異》、《史記》、《西廂記》、《鏡花緣》。

與口訣記憶一樣，字頭記憶最好也是讓孩子自己去編排字頭，這樣，他就能夠比較快地記住，記憶效果也比較牢。

親子活動

1. 讓孩子用字頭法記憶「四書五經」。

四書：《孟子》、《論語》、《大學》、《中庸》；

五經：《詩》、《禮》、《春秋》、《易》、《書》。

2. 讓孩子用字頭法記憶「春秋五霸」。

春秋五霸：齊桓公、宋襄公、晉文公、秦穆公、楚莊王。

參考思路：

1. 可記作：

「四叔（書）猛（《孟子》）掄（《論語》）大（《大學》）鐘（《中庸》），武警（五經）詩（《詩》）裡（《禮》）存（《春秋》）遺（《易》）書（《書》）。」

2. 可記作：

「近聞（晉文）齊桓採松香（宋襄），鋸斷秦木（秦穆）留楚椿（楚莊）。」

第**40**種方法

定位記憶法

公元前 500 年左右，古希臘詩人西孟尼提斯有一次應邀到一場宴會演講，說到一半突然有人找，他只好離席出去瞧瞧究竟是怎麼一回事。

就在西孟尼提斯出去之後不久，突如其來的大地震震垮了宴會場所的屋頂，裡面的賓客不但全都被壓死，而且面目全非認不出身份。

當時還沒有發達的辨識醫學，不能用牙齒、毛髮、DNA 等確認死者的身份，這讓死者的親屬們很發愁。

大難不死的西孟尼提斯以獨特的記憶方式解決了這個難題。

原來，為了演講時和聽眾產生良好的互動，西孟尼提斯用了特別的定位記憶法來記住每一位賓客的名字和其所坐的位置，這讓他解決了死者親友的難題，並展現了他神奇的記憶力。

古羅馬人發明了很多記憶方法，其中最著名的記憶方法就是「羅馬家居法」。古羅馬時代，元老院的長老們演說和辯論時需要引經據典，這就需要他們記住大量的數據和典故。為了能夠更好地記住長篇的演講稿，羅馬人學會了利用自己家裡的物品擺設。

羅馬人注意到，自己家裡的物品、傢具及器皿一般都是固定在一個地方不動的，如果以它們為媒介，把需要記憶的內容與每樣物品一一對應，那麼，只要想起家裡的物件就可以想起所記憶的內容。

由於對自己家裡的物品擺放非常熟悉，羅馬人只要按照順序回想，記憶內容的順序同樣也不會弄亂。就這樣，利用「羅馬家居法」，羅馬人輕輕鬆鬆地記住了所要記憶的內容。

實際上，「羅馬家居法」就是定位記憶法。定位記憶法就是借助一定的定位事物，把所要記憶的材料按一定的順序來記憶，從而使記憶材料準確而有條理地再現出來。

當然，用來做定位的事物很多，但是，定位事物必須是自己非常熟悉的、順序鮮明的東西。例如：

1. 人體器官（從上向下）：頭髮、前額、眉毛、眼睛、鼻子、耳朵、嘴、下巴、前胸、肚子、手、腿、腳等。

2. 家庭親屬（由長輩到晚輩）：爺爺、奶奶、爸爸、媽媽、叔叔、嬸嬸、哥哥、姐姐、弟弟、妹妹等。

3. 動物（體形由大到小）：鯨、大象、牛、獅子、豹子、狗、貓、老鼠、蜜蜂、螞蟻等。

4. 傢具設施（價格由高向低）：電腦、電視機、冰箱、VCD、錄音機、電飯煲等。

5. 每天必經線路的各個點：工廠、商店、市場、醫院、書店、派出所、廣場、公園等。

6. 服飾（從上到下、從外到內）：帽子、口罩、圍脖、上衣、襯衣、背心、手套、褲子、鞋、襪子等。

7. 自己很喜歡的某個事物。

例如，要記憶枴杖、眼鏡、電腦、鍋、皮鞋、裙子、書本、髮圈、玩具、娃娃。可以把它們跟爺爺、奶奶、爸爸、媽媽、叔叔、嬸嬸、哥哥、姐姐、弟弟、妹妹相對應，記憶為：爺爺的枴杖、奶奶的老花眼鏡、爸爸的電腦、媽媽的鍋、叔叔的皮鞋、嬸嬸的裙子、哥哥的書本、姐姐的髮圈、弟弟的玩具、妹妹的娃娃。這樣，記憶的時候就能夠一一對應。

再比如，如果孩子很喜歡畫，不妨讓他在喜歡的山水畫上，先把名稱特定的部位觀察清楚，然後按順序（從左至右或從上至下等）編上序號，並把它刻印到腦子裡，進而可以把要記的要點和一些中心詞（能代表一句話的一些詞），用奇特聯想的手法放在山水畫的某個特徵上。回憶的時候，以圖為籐來順籐摸瓜，就能記住所記的事物。

親子活動

有這樣一幅圖：

左邊是山，山上有棵松樹，樹邊有寺廟，廟頂上有個大鐘，鐘邊上有繩子；中間，即山腳下是河，河上一隻帆船，船上有個漁翁，漁翁頭戴一頂草帽，手拿竹竿；右邊是一片雲霧和隱隱約約的山峰。

讓孩子把要記的某些詞與之對應的各點聯繫上，以方便記憶。這些詞語是：鋼筆、夾子、被子、馬、椅子、電燈泡、汽車、毛巾、電爐、蛇、苔蘚、爆米花。

參考思路：

我們利用定位記憶法可以分別這樣記：

山——鋼筆：山是用鋼筆堆積起來的；

松樹——夾子：松樹上奇怪地長出了很多夾子；

寺廟——被子：寺廟門口被被子阻塞了；

大鐘——馬：馬用頭在撞擊大鐘；

繩子——椅子：繩子的一頭緊綑着一隻木椅子；

河——電燈泡：河裡冒出很多很多電燈泡；

帆船——汽車：帆船是用汽車改裝的；

漁翁——毛巾：漁翁的嘴塞滿了毛巾；

草帽——電爐：草帽放在電爐上烤；

竹竿——蛇：竹竿上盤了一條長蛇；

雲霧——苔蘚：雲霧上長滿了苔蘚；

山峰——爆米花：山峰崩裂，噴出了爆米花。

第5章

有意識地進行記憶力訓練

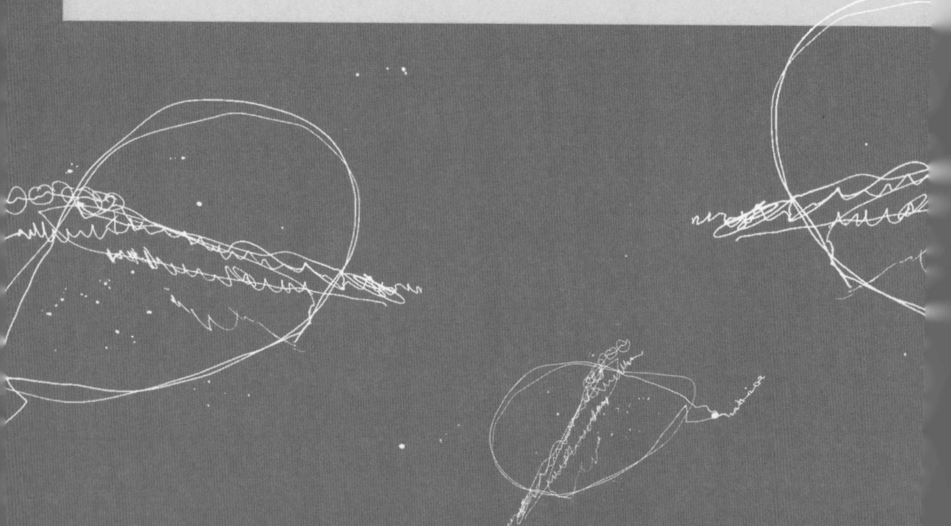

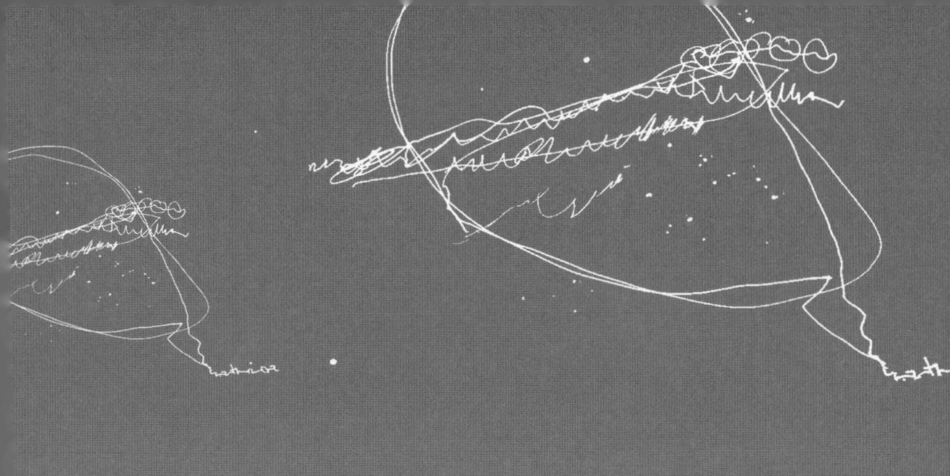

要具備可靠的記憶力，必須每天花一刻鐘到半個小時的時間，做一套有計劃的腦力練習，複雜的或簡單的均可，只要能迫使你去動腦筋。

——美國記憶專家布魯諾．弗斯特

一個聰明人，如果記憶力差，又不好好鍛煉，那他仍然是一個廢物——一個可憐的人，因為他失去了應用他的聰明的最好機會。

——法國學者喬治．杜阿梅爾

第**41**種方法

記憶廣度訓練

記憶廣度指的是按固定順序逐一呈現一系列刺激以後剛剛能夠立刻正確再現的刺激系列長度，也稱為記憶的完整程度，當然所呈現的各刺激之間的時間間隔必須相等，再現的結果必須符合原來呈現的順序。短時記憶的廣度一般是 7 個長度單位，可以是 7 個無意義的音節，也可以是 7 個毫無關聯的字、詞等。在心理學上，每一個長度單位被稱之為一個組塊。科學實驗證明，把十個組塊分成兩塊來記憶，效果要比分成十塊來記憶好得多。比如，手機號 13347529278，直接記憶比較困難，如果把號碼分割為 133 4752 9278 這樣三個組塊來記憶，就容易多了。

記憶廣度可以通過視覺記憶來表現，也可以通過聽覺記憶來表現，呈現的刺激可以是字母，也可以是數字。

日常生活中父母可以運用下面這些小遊戲來訓練孩子的記憶廣度。

1. 背誦數字

主要訓練孩子的視覺記憶廣度。讓孩子背誦數字，先從數字少的數開始練起。比如，先背誦兩位數的數字，看孩子能夠記住多少個兩位數；然後讓孩子背三位數的數字，不斷增加數字的位數。一般來說，數字位數越多，孩子能夠背誦下來的個數就越少。如果家長能夠堅持讓孩子訓練，孩子能夠記住的數字個數會比以前越來越多。這就表明孩子的記憶廣度在提高。

例如，讓孩子依次背誦下列幾行數字：

3 5 6 2 4 6 1 9 6 5 0 5 8 2 4 0 6 3

74 83 92 28 40 95 48 18 82 43 62 95 53 46

729 928 847 529 739 624 384 275 624 827 657

7489 6726 9585 9272 7674 2527 4278 4573 1747 6347

62378 27234 92489 62939 03479 72492 62847 82472 67432 ……

2. 複述漢字

主要訓練孩子的聽覺記憶廣度。孩子聽父母說一串漢字，然後按順序複述出來。可以先從單個漢字開始，然後不斷增加字數。增加的每個字之間是沒有必然聯繫的。例如，讓孩子傾聽下面幾行漢字，並複述：

不 在 人 中 百 尖 粉 順 肯 困

有隻 鳳進 地在 舉興 順馮 只興 具李 好功 刀經

可興際 保呆累 緊睦楞 經好國 償直只 右豐償 在直佃 功可限 鳳要國 或奪另

是困楞進 伙肖直國 楞吉進楞 可有直一 二要蛤有 只直叟右 發民要輥 蛤辦肖示 睛興為下 楞晃什上

3. 複述句子

主要訓練孩子的聽覺記憶廣度。讓孩子傾聽有意義的句子，然後要求他複述出來，父母還可以在孩子複述完後向孩子進行提問，以促進孩子對句子的理解。

例如：

①一個漁夫捉了一條金魚，金魚央求漁夫放了它，並答應日後報答漁夫。漁夫是個很善良的人，他答應了金魚的要求。

②很久以前，有一隻叫田田的田鼠和一隻叫佳佳的家鼠。田田住在田野裡，佳佳則住在城市的一戶人家裡。

③很久以前，有一對兄弟。由於父母去世，兄弟倆也要分家了。家裡所有的財產只有一頭牛、一隻狗、一隻雞和兩塊地。因為牛可以用來犁地，哥哥很想得到這頭牛。他想了好幾天，終於想出一個能得到牛的好辦法。

第**42**種方法

記憶敏捷性訓練

據報載，美國紐約一所中學的生物教師霍華德·貝格在 1990 年以一分鐘閱讀並理解 25 000 字的速度，被載入「吉尼斯世界紀錄大全」。

霍華德·貝格曾接受了一家雜誌的採訪和測試，採訪者給了他一本剛剛印刷完畢的《戴安娜傳》，這是本厚達 320 頁的書，他僅僅花了五分鐘便讀完了這本書。然後，他接受提問，結果令人咋舌：10 個問題中他竟準確無誤地答對了 9 題，而唯一沒有回答出的是一個次要的問題——戴安娜就讀過的一所中學的校名。採訪者又拿出另一本近 500 頁的新小說《臥房》，他用 12 分鐘讀完並答對了 10 個問題。

《太原日報》載文說，英國倫敦舉行了第四屆世界記憶力大賽，經過一番角逐，決出最好的選手漢克和奧彬，在最關鍵的一項比賽(一小時必須記住2 000位的數字，再用45分鐘寫下來)中，奧彬戰勝了漢克，他記住了 1 140 位數字，然後用 45 分鐘寫了出來。

記憶的敏捷性是指記憶速度。記憶力強的人，記東西特別快，記憶力差的人則需長時間反覆記憶才能記住。

一般來說，記憶的敏捷性在年幼時期就開始出現差距。比如，在學習兒歌的時候，有些孩子聽一遍就能記住大部分內容，有些則不斷地聽也記不住。

為什麼孩子的記憶敏捷性有所差異呢？造成孩子記憶敏捷性

差異的主要原因之一，是孩子在記憶時注意力是否集中。

記憶的第一過程識記就是在大腦皮層形成暫時神經聯繫，當孩子注意力集中時，大腦皮層就能形成一個強烈的優勢興奮區，新的暫時神經聯繫最容易在此區建立；反之則不然。所以，要提高孩子記憶的敏捷性，最重要的就是要求孩子在識記時要集中注意力。

當然，專門的訓練也有助於提高孩子的記憶敏捷性。下面就是一些用來訓練孩子記憶敏捷性的遊戲：

1. 複述數字

在日常生活中，父母可以經常與孩子玩複述數字的遊戲。

父母從少到多報數字，要求孩子跟着自己邊說邊記，直到孩子複述數字時出現錯誤為止。下面提供幾組數字：

4 84 274 9743 92473 674368 8274736 83467326 649386735

7 93 485 7495 29487 475843 7675464 98577436 466565768

6 76 852 6395 39857 876563 5877865 74324645 356577366

2. 找圖片

父母可以經常讓孩子看圖片，然後讓孩子在一堆圖片中找出看過的幾張圖片。比如，父母給孩子看 5 張撲克牌，然後把這幾張撲克牌插入到整副牌中，讓孩子把看過的 5 張撲克牌找出來。

3. 限時強記

限時強記指的是在規定的時間裡要求孩子背誦一些數字、人

名、單詞等，這種方法可以鍛煉博聞強記的能力。比如，在兩分鐘內，背誦 10 個電話號碼；在 10 分鐘內，背誦 10 個英文單詞。

第 **43** 種方法

記憶精確性訓練

記憶精確性主要指記憶再現的正確性，指的是對於所識記的內容在回憶時，沒有歪曲、遺漏、增補與臆測。

記憶的精確性是以大腦皮層上暫時神經聯繫高度分化為基礎的。暫時神經聯繫越分化，回憶越準確。如果暫時神經聯繫發生泛化，再現時就會出現類似內容混淆或歪曲等現象。而要提高暫時神經聯繫的分化程度，最重要的方法之一就是把類似的內容加以比較，找出其共同點和不同點，以防止混淆或歪曲。

記憶精確性訓練的方法主要有信息增加訓練法、信息減少訓練法、信息增減訓練法、信息變化訓練法等。這些方法讓孩子將二者的各個部分加以比較，找出各自的特點，找事物間不同之處的過程就是暫時神經聯繫分化的過程，從而幫助孩子提高記憶的精確性。

1. 信息增加訓練法

父母先唸下面第一段話，然後唸第二段話，父母唸完後請孩子回答第二段比第一段多出了哪些字。如下例：

第一段：樹上有一隻鳥窩，窩裡有一隻小鳥，它正伸着脖子等待鳥爸爸和鳥媽媽來餵食。不一會兒，鳥爸爸和鳥媽媽飛來了，鳥媽媽的嘴裡叼着幾隻小蟲子。小鳥看到爸爸媽媽回來了，高興地笑了。

第二段：樹上有一隻鳥窩，窩裡有一隻小鳥和幾隻還沒有孵化的鳥蛋，那隻小鳥正伸着脖子等待鳥爸爸和鳥媽媽來餵食。不一會兒，鳥爸爸和鳥媽媽飛來了，鳥媽媽的嘴裡叼着幾隻小蟲子，鳥爸爸的嘴裡則叼着幾根茅草，它想把它們的小屋佈置得更加柔軟。小鳥看到爸爸媽媽回來了，高興地笑了。

2. 信息減少訓練法

父母先唸下面第一段話，然後念第二段話，父母唸完後請孩子回答第二段比第一段少了哪些字。如下例：

第一段：小明在放學的路上，看到一輛裝水果的大卡車從他身邊開過。他仔細看了一眼，看到車上有兩筐蘋果、兩筐梨、三筐橘子、四筐菠蘿、四筐芒果、五筐西瓜和六筐香蕉。

第二段：小明在放學的路上，看到一輛裝水果的大卡車從他身邊開過。他仔細看了一眼，看到車上有兩筐蘋果、三筐橘子、四筐菠蘿、五筐西瓜和六筐香蕉。

3. 信息增減訓練法

（1）視覺信息增減訓練

父母先讓孩子看一些物品，然後對這些物品進行一定的增刪，並問問孩子多了什麼，少了什麼。如下例：

把下列物品放在桌子上：橡皮、鋼筆、鑰匙、光盤、橘子、麵包、書本、玻璃杯、硬幣、筆袋。讓孩子仔細看上一分鐘，然後轉過身去；父母拿掉鋼筆、書本、橘子、麵包、玻璃杯，換上鉛筆、練習本、蘋果、餅乾、茶杯。再讓孩子轉過身來，問問孩子多了什麼，少了什麼。

（2）聽覺信息增減訓練

父母讓孩子聽兩段話，並讓孩子回答第二段話比第一段話多了什麼字詞，少了什麼字詞。如下例：

第一段：門口有一隻貓和一隻狗，這時，又過來兩隻貓和三隻狗，後來，有一隻非常大的貓也過來了。

第二段：門口有一隻貓、一隻狗和一隻雞，這時，又過來三隻狗，那隻雞被嚇走了。後來，有一隻貓也過來了。

4. 信息變化訓練法

讓孩子聽下面兩段話，然後問問孩子，兩段話有什麼不一樣。第一段：如果你有一個蘋果，我有一個蘋果，彼此交換，那麼，每人只有一個蘋果；如果你有一種思想，我有一種思想，彼此交換，我們每個人都有兩種思想，甚至多於兩種思想。

第二段：如果你有一個蘋果，我有一個蘋果，我們交換一下，那麼，每個人還是有一個蘋果；如果你有一個主意，我有一個主意，彼此交換，我們就有兩個主意。

第**44**種方法

記憶持久性訓練

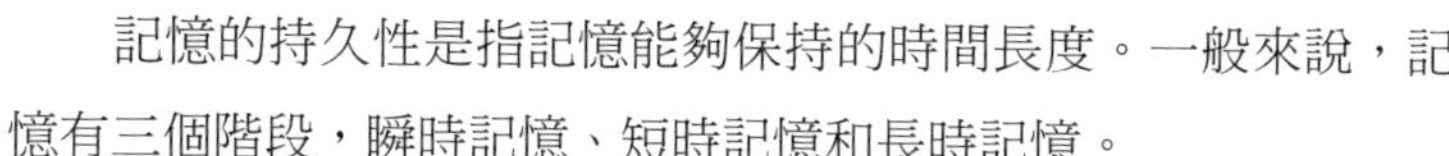

記憶的持久性是指記憶能夠保持的時間長度。一般來說，記憶有三個階段，瞬時記憶、短時記憶和長時記憶。

第一階段是瞬時記憶，瞬時記憶也被稱為感覺記憶。在這個階段，外部刺激經輸入系統傳輸到感覺存儲器，這個階段的信息可保存時間很短，為 0.25~2 秒。

瞬時記憶的下一個階段是短時記憶。在這個階段，信息已經經過初步的編碼，以知覺或選擇性注意的形式出現，這時的信息存儲時間也相當短，為 5~20 秒，記憶痕跡有隨時間而自動消退的特徵。如果主體採取編碼再編碼的認識策略，並進行「組塊」記憶，就可以擴大短時記憶的容量。

第三階段是長時記憶，經過複習後長期存儲的信息稱為長時記憶，長時記憶存儲時間在 1 分鐘以上，甚至終身。

記憶持久性是記憶品質的一個重要方面。一般來說，孩子的記憶持久性是隨着年齡的增加而增加的。

從記憶的再認來說，1 歲的孩子，再認保持的時間一般為幾天，2 歲的孩子，再認保持的時間一般為幾週，3 歲的孩子再認保持的時間為幾個月，4 至 6 歲的孩子能夠提高到 1 年的時間，孩子到 7 歲時，記憶再認保持的時間在 3 年左右。

從記憶的再現來說，2 歲的孩子再現保持的時間一般為幾天，3 歲的孩子，再現保持的時間一般為幾週，4 歲的孩子再現保持的時間一般為幾個月，5 至 7 歲的孩子再現保持為 1 年以上，7

至 17 歲的孩子再現保持時間則越來越長。

孩子記憶持久性的發展主要取決於記憶內容的性質和記憶的目的、態度、方法、經驗和智力發展水平等因素。一般來說，對於能夠讓孩子引起興趣、激發孩子強烈的情感體驗、孩子熟悉的事物等，孩子的記憶持久性往往越長，甚至終身不忘。

那麼，父母在日常生活中怎樣幫助孩子提高記憶的持久性呢？

1. 順序訓練法

順序訓練法是指讓孩子按順序記憶一些材料，然後遮擋住材料的內容並逐個把材料內容露出來，每露出一個材料，讓孩子回憶下面緊挨着的材料，從而喚起孩子的記憶。同一個遊戲應該根據遺忘規律不間斷地進行，從而提高孩子長時記憶的能力。

（1）數字順序訓練法

① 7 4 2 0 8 1 5 3 6 2 7 8

② 84 93 59 83 02 43 39 26 18 52

③ 245 948 643 932 493 792 529 295 337 247

（2）文字順序訓練法

①三 夫 叫 只 因 上 可 困 呆 肖 吸 國 中 要 有 伯 一 珍

②雨量 延用 自修 硝石 走向 天下 世界 從前 關心 耳朵

③一心一意 狐假虎威 興高采烈 腳踏實地 心花怒放 實實在在 雙喜臨門 彬彬有禮 神采奕奕 百尺竿頭

2. 插入訓練法

插入訓練法是讓孩子依次序記憶好幾段材料後，並不馬上讓孩子進行回憶，而是讓孩子先進行其他事項，然後再回憶最前面的一段。

例如，先讓孩子記憶如下材料：

流行、活潑、休息、鬱悶、感冒、興奮。

然後，再讓孩子記憶如下數字：

5460、7834、9832、6659、4837、8374。

記憶完以上數字後，再讓孩子回憶前面的語文詞彙，回憶完語文詞彙後，讓孩子回憶上面的阿拉伯數字，如此反覆幾次後，就可以加深孩子的記憶思維。

家長可以採用不同類別的記憶材料，相互穿插，讓孩子記憶。

3. 頻率訓練法

頻率訓練法是指反覆向孩子出示一些材料，其中有一部分材料多次出現，然後讓孩子記住這些材料出現的次數。

（1）k、k、f、j、d、a、j、f、o、I、w、e、d、a、j、g、a、I、u；

（2）3、4、7、9、7、5、7、1、9、3、7、5、7、3、1、9、0、1；

（3）有、中、在、人、有、一、中、在、一、要、國、中、要、國。

第**45**種方法

編碼記憶訓練

編碼記憶是一種非常實用而有效的記憶方法。在日常生活中，許多事物都用編碼來體現。比如身份證號碼、郵政編碼、商品條碼、電話號碼、門牌號碼、報章雜誌的刊號等等。

編碼主要通過數字進行。110 數字編碼記憶系統表如下：

1 鉛筆 2 唐老鴨 3 彈簧 4 帆船 5 秤鉤 6 煙斗 7 鐮刀 8 沙漏 9 平底鍋

01 羚羊 02 鈴兒 03 拎傘 04 靈隱寺 05 領舞女（高跟鞋）06 綾羅 07 靈棋王 08 籬笆 09 靈柩 10 衣領

11 筷子 12 魚餌 13 醫生（針筒）14 鑰匙 15 鸚鵡 16 楊柳 17 玉璽 18 十字架 19 藥酒 20 耳環

21 鱷魚 22 餓鵝 23 二頭蛇 24 手銬 25 二胡 26 暗流（河流）27 暗器 28 髮夾 29 剪刀 30 三菱摩托

31 鯊魚 32 仙鶴 33 長城（彎彎曲曲）34 扇子 35 珊瑚 36 山鹿 37 山雞 38 沙發 39 山猴 40 石林

41 石椅 42 戒指 43 寺僧（和尚）44 獅子 45 瓷壺 46 石榴裙 47 司機 48 石碑 49 石臼 50 皮帶（取一半的意思）

51 武夷山 52 豬兒 53 烏紗帽 54 鎢絲燈（電燈）55 火車（嗚嗚）56 葫蘆 57 武器（飛機）58 尾巴（狐狸）59 吳鉤 60 榴蓮

61 綠葉 62 爐兒 63 廬山毛竹 64 螺絲 65 老虎 66 骰子 67 樓梯 68 喇叭 69 辣椒 70 麒麟

71 洗衣機 72 企鵝 73 花旗參 74 起子 75 擊鼓 76 氣流（龍捲風）

77 雙鋤 78 西瓜 79 氣球 80 巴黎鐵塔

81 坦克 82 靶兒 83 花生 84 寶石 85 白蝴蝶 86 軍隊 87 荸薺 88 爸爸 89 芭蕉 90 九龍壁

91 球衣 92 球兒 93 救生圈 94 救世主 95 皇冠（九五之尊）96 九牛 97 酒席桌 98 酒吧 99 烏龜 00 眼鏡

100 主席 000 三輪車 0000 公共汽車 000000 糖葫蘆

長串的數字其實並不可怕，只要把一系列數字分成兩個或三個連在一起的小組，再加以一定的聯想或找出規律，就可以編成一組編碼進行記憶。

例如，要記憶下面這串數字：

985275158195325208308518938151，可以把這些數字分割為：98，52，75，15，81，95，32，52，08，30，85，18，93，81，51。然後通過 110 數字編碼記憶系統表進行故事聯想：

酒吧（98）裡有一隻豬兒（52）在擊鼓（75），一隻鸚鵡（15）看到後，就坐上坦克（81），頭上戴着皇冠（95）和仙鶴（32）一起向豬兒（52）那去。誰知，一堵籬笆（08）牆擋住了去路。突然，一輛三菱摩托（30）衝了過來，車上有一隻白蝴蝶（85），它帶着十字架（18）和救生圈（93），嚇得坦克（81）調頭跑回了武夷山（51）。

經過這樣的故事，這串數字就可以按順序記下來了。

當然，進行編碼記憶時，也可以把需要記憶的內容編上自己

容易記憶的數字或者符號。比如，把身體的各部位自上而下地編號為：1——頭、2——額、3——右眼、4——左眼、5——鼻子、6——腹、7——背……如果說「2」馬上回答：「額」，「5」就馬上回答「鼻子」。

編碼的關鍵是要有規律，比如上例中是自上而下，其實也可以是自下而上等其他形式，只要有規律，怎樣編碼都是可以的。

編碼記憶還可以與其他記憶法一起使用，可有助於記住更多的東西。比如，上例中，我們可以利用它，再與其他應該記憶的事項進行聯想。如「2」是飛機，就聯想飛機撞擊自己額頭，即通過「2—額頭—飛機」的聯想，記住飛機；如「4」是鉛筆，就聯想鉛筆直刺自己的左眼，刺得疼痛難忍，這樣通過「4—左眼—鉛筆」，記住了鉛筆。

第46種方法

聽覺記憶訓練

聽覺記憶是孩子在日常生活中經常需要使用到的一種記憶方式。在學習語言的時候，聽覺記憶能力比視覺記憶能力更加重要。如果父母從小就對孩子進行聽覺記憶力訓練，對孩子的語言學習是很有幫助的。

聽覺記憶力訓練主要有下面幾種方式：

1. 聽樂器聲和節奏感

父母可以運用樂器如鋼琴、口琴等進行，父母先演奏一段旋律，然後讓孩子根據聽到的聲音去模仿，使孩子的演奏最大限度地接近父母的演奏。

節奏感的訓練可以通過敲打進行。父母先進行一段有節奏的敲打，然後讓孩子根據聽到的聲音強弱和快慢模仿，使自己的敲打聲最大限度地接近父母的敲打聲。

2. 複述和傳遞句子

要求孩子聽父母說一句話，然後根據聽到的話複述一遍。如果父母兩個一起與孩子玩這個遊戲，則可以通過傳遞句子的方式進行。比如，母親先跟孩子用耳語的方式說一句話，然後讓孩子把這句話傳遞給父親。接着父親再跟孩子說一句話，讓孩子把這句話傳遞給母親。這種遊戲的方式較普通的複述要有意義得多，容易激發孩子的興趣。如果家裡人比較多，那麼，這個遊戲的趣味性就會更強。

3. 傾聽詩歌

現在許多家庭都擁有多媒體的播放工具，父母可以運用播放工具給孩子播放一些詩歌，讓孩子在背景音樂引導下去領會詩歌的意義，提高孩子對語言的節奏感和理解性。另外，父母也可以用朗讀的方式讓孩子傾聽。

4. 倒述句子

父母給孩子唸一句話，要求孩子從最後一個字開始往前一個一個地唸。比如，父母說：「今天，我想去公園。」孩子則應該說：「園公去想我天今。」如果孩子一次就倒述正確，父母應該誇獎孩子，以鞏固孩子的信心。玩這個遊戲的時候，一般七至八歲的孩子從三至四個字開始玩起；九至十歲的孩子從五至六個字玩起；十一至十四歲的孩子可以從六個字以上玩起。同時，根據孩子的記憶能力，可以不斷增加字的個數。

第 **47** 種方法

動作記憶訓練

動作記憶是一種形象記憶，年幼的孩子如果對動作記憶掌握得好，那麼，他的形象記憶能力也會有所增強。

比如，打五筆字就是一種動作記憶。當一個人對鍵盤熟悉後，他可能背不出每個鍵上有哪些字根，但是，他卻可以準確地打出自己所需要的漢字。這是因為長期的打字動作使他在潛意識裡對打這個字的動作產生了記憶。

動作記憶的一般訓練法就是父母做一些動作給孩子看，然後讓孩子進行模仿。比如，父母依次做下面幾個手勢，讓孩子注意看，然後，讓孩子按照自己的樣子來做這些手勢。

第一個動作：伸出雙手，然後握緊拳頭；

第二個動作：左手伸出大拇指；

第三個動作：右手做「OK」狀；

第四個動作：兩手交叉。

當然，如果有些動作比較複雜，父母需要對此進行一定的講解，使孩子能夠更清楚地理解並掌握。

為了提高孩子的動作記憶能力，父母要在日常生活中經常訓練孩子。比如，要求孩子學會打五筆字，就應該讓孩子每天堅持練習。如果孩子對鍵盤不是特別熟悉，父母可以在紙上畫出鍵盤圖，讓孩子帶在身上，隨時根據鍵盤圖來練習指法。這種方法雖然沒有真正去敲打鍵盤，但是同樣可以起到指法練習的效果。

根據科學研究，動作記憶也可以通過想像性的練習來鞏固。

美國著名的籃球教練馬克爾·赫茲曾做過下面的實驗，把籃球的罰球訓練分為三個組進行。

A 組 20 天，每天實地練習 20 分鐘。

B 組 20 天，不進行任何訓練。

C 組 20 天，每天 30 分鐘，只做投籃的想像動作練習。

然後，把三個組第一天的分數和二十天後的分數相比較。結果，流了汗水進行實際練習的 A 組得分提高了 24%；什麼訓練都沒做的 B 組毫無進展；只進行想像動作訓練的 C 組得分提高了 23%。

第48種方法

內隱記憶訓練

在慕尼黑的牟爾菲博士協會舉辦的一次聚會上，一位醫生講述了自己一次奇特的學習經歷。

這位醫生為了通過醫師考試必須要掌握大約 80 種傳染病，要能詳細地描述這些傳染病的病症，還要在診斷上區分這些病症，凡參加考試的人即使不用一年，也需要用幾個月來記住它們。

這位醫生花了大量的時間來記這些內容，但是，他發現這種記憶方法實在太慢太不保險了。一天，他忽然想到一個好主意：「我把這些傳染病的描述濃縮到最短，把它們錄在一個 68 分鐘的錄音帶上。然後把這個錄音帶播放一個星期。」

他想到就做，錄音帶錄完後，不論是白天還是晚上，他一再地重複播放錄音帶。結果，他很輕鬆地通過了考試，而且能夠完全回憶起所有的傳染病的信息。

這位醫生採用的就是內隱記憶法。1970 年，沃林頓和韋斯克蘭茨設計了一個關於內隱記憶法的經典實驗。實驗表明，在有意識的外顯記憶之外，還存在無需意識參與的內隱記憶。作為人腦中保存過去經驗的一種方式，內隱記憶無需經過有意識的回憶或再認，就能對人的某些活動間接地產生影響。

心理學家對睡眠進行繼續研究還發現：人在處於半睡眠狀態時，大腦依然能夠接受由聽覺器官發來的信息。如果這時有人不斷地向這個人講話或者播放一段錄音來「暗示」他，那麼，這個人就能在不知不覺中將講話或錄音內容記住，這是一種基於暗示性亢進原理的記憶方法。

由於人在半睡眠狀態時的大腦不受外界干擾，因而對暗示作用非常敏感，最適宜用來記憶需死記硬背的內容，諸如外語單詞。法國有個女演員曾試着在自己睡眠的狀態下播放錄音，結果，她在三個星期內便掌握了意大利語。

睡眠能保持記憶，防止遺忘，那是因為在睡眠中，大腦會對最近接收的信息進行歸納、整理、編碼、存儲。同時，睡眠期間進入大腦的外界刺激顯著減少，記憶的目標比較單一，有利於記憶的加深。可見，善於運用內隱記憶會給記憶帶來神奇的效果。

父母怎樣來訓練孩子的內隱記憶力呢？

一位媽媽聽到上小學三年級的女兒歎氣道：「現在我們還得學習英語。這麼多的英語單詞可怎麼學呀？」

「你學英語了？」媽媽問道，「把你的英語書給我用一天，我也想學英語。」

女兒把英語書交給了媽媽，心想，媽媽學英語倒也稀奇，看看媽媽能學成什麼樣。

媽媽把女兒正在學習那一課的單詞錄到了錄音帶上。晚上，她在女兒入睡後，小聲地放着錄了英語單詞的錄音帶。

第二天，女兒發現在老師講解這些單詞時，她只要有意識地聽一遍，就能夠立刻而且持久地記住它們了。

這位聰明的媽媽就是在運用內隱記憶法幫助孩子記憶英語單詞。

當然，這種方法不宜長期使用。有人試驗過，每天在睡夢中聽錄音，連續超過兩個月，身體就會出現不良反應，例如，心情會出現不愉快，白天的記憶力會下降等等。所以，這種方法只能在短時間內使用，而且最好是在睡前播放一會兒錄音，等完全入睡後就應該停止播放錄音。

第 **49** 種方法

右腦
開發訓練

超強的記憶力，離不開右腦功能的發揮。被稱為「圖像腦」的右腦的工作性質是感性的、直觀的，工作方式是從整體到局部的並列式。以學習語言為例，左腦追求記憶和理解，它的學習方法是通過學習一個個的語法知識來學習語言；右腦不追求記憶和理解，只要把知識信息大量地、機械地裝到腦子裡就可以了。

右腦具有左腦所沒有的快速大量記憶機能和快速自動處理機能，是左腦記憶能力的一百萬倍，然而一般人卻只會用左腦記憶！正如美國心理學家勞倫斯所說：「只有當大腦右半球也得到充分利用時，這個人才最有創造力。」

父母可以和孩子一起來做一個實驗，這個實驗可以讓人體驗到左腦與右腦的差別。

先準備好下面一些物品：

書本、遙控器、礦泉水、筆、剪刀、手機、錢包、起子、餅乾、杯子、眼鏡、名片、鏡子、通訊錄、鑰匙、小碟子、牙籤、巧克力、白紙、手錶等 20 種生活中常見的東西。缺少某些東西不要緊，用其他東西代替。

請一個人把準備好的 20 件東西放在一張桌子上，然後，先閉上左眼，用右眼凝視這些東西五秒鐘，接着，轉過身，回想一下自己看到的有哪些東西。回想完畢後，再轉過身，閉上右眼，用左眼凝視這些東西五秒鐘，回想一下看到的東西有哪些。

實驗後，你會發現，用右眼看後，你的腦海中浮現的好像是這些東西的形狀，一時叫不出它們的名稱來。而用左眼看後，你卻能夠清楚地叫出它們的名稱，它們的形狀卻不能一下子在你的腦海中浮現。

右腦是「祖先的大腦」，它屬於靈感的、直覺的、音樂的、藝術的、宗教的等可以產生美感和喜悅感的大腦。日本學者春山茂雄和澳大利亞學者阿門達·格戈等一批學者發現，學會使用右腦可以使人分泌更多的 β- 內啡肽，這種神經生化物質已被證明是能夠使人產生幸福感的腦內「黃金」。使用右腦的人往往會花更多時間去冥想、散步、釣魚、與人閒聊、欣賞古典音樂等。

訓練右腦的方法有：

1. 體育活動法

如做健身操，打乒乓球、羽毛球等。在運動時，右腦的細胞激發比靜止時來得快，而且左腦的活動會受到抑制，思維得以暫時擺脫現成的邏輯方法，創造性思維經常會不經意冒出來。

2. 音樂感知法

多欣賞一些音樂，能使擅長形象思維的右腦在潛意識下，與正在進行邏輯思維分析的左腦相互配合，使左右腦保持高度一致，增強兩者的協調能力。所以，父母應該讓孩子學習音樂，還

可以在孩子從事其他活動時，創造一個音樂背景。

3. 左側運動法

右腦支配左半身，控制左手運動；反過來，左手、左半身器官的運動，也對右腦皮層產生良性刺激，促使右腦功能更完善。因此，有意識地多用左手，多運動左側身體，有利於右腦的開發。

腦科學家主張用左手寫字，因為左手寫字是強化右腦功能的一個簡單而有效的方法。左側體操與左手寫字一樣，能促進右腦的活動，有利於右腦能力的提高。

左側體操基本動作如下：

左上肢側平舉與前舉運動；左腳向左跨半步；左手側平舉，掌心向下；左手經左側向上舉；左手還原；左手經胸前上舉，帶動左上肢經胸前上舉，與身體平行；左上肢經胸向下，復原。左腿側舉與前舉運動：立正，目光向前，雙手叉腰，重心在右腳；左腳向左側外提起，腳伸直，直至與地面平行，還原；左腳向前踢，達到與地面平行，復原。

其他諸如左手猜拳、左手進行遊戲、左腳踢石子等活動都是不錯的右腦訓練法。

4. 手工操作法

前蘇聯著名教育家蘇霍姆林斯基說：「兒童的智力發展表現在手指尖上。」他將雙手比喻為大腦的「老師」。因此，家長要重視對孩子手工操作的培養，以此來提高孩子的記憶力。

從加強手指指尖運動、促使大腦神經中樞不斷受到良性刺激的角度來講，日常生活中的一些小手工活動，如編織、剪紙、玩健身球等均是左右腦協調訓練的很好的方法。父母要鼓勵孩子主動熱情地投入到各種鍛煉中去。

5. 新奇經驗法

研究腦神經激素的教授認為，「體驗各式各樣的人生經驗，對大腦非常有幫助」。閱讀、看電影、郊遊、逛街等都能為大腦帶來刺激。父母要多帶孩子體驗新奇的生活經歷，讓這些新奇的經驗來刺激孩子大腦的敏感性。

第 **50** 種方法

左右腦協調訓練

曾看過這樣一個表演：一位青年書畫家，用左手作畫，右手寫字，龍飛鳳舞、左右開弓。這就是左腦右腦一起動的表現。畫畫是非線性的直觀行為，依靠的是右腦的作用；而寫字則需要記憶和思維的參與，依靠的是左腦的作用。

榮獲 1981 年度醫學、生物學獎的斯佩里博士曾經做過一個有名的實驗：

他切斷了一名患者位於左右腦連接部的腦樑，然後擋住其左視野，在其右視野放上畫或圖形給患者看，結果，患者可以使用語言說明圖形或畫上的東西是什麼。

然後，斯佩里博士擋住患者的右視野，在其左視野顯示數字、文字、實物，這時，博士發現，哪怕是這個數字或實物的讀法很簡單，患者也無法用語言說出它們的名稱。

原來，右視野同左腦相連，左視野同右腦相連。而人的語言中樞在左腦，左腦主要完成語言的、邏輯的、分析的、代數的思考認識和行為。右腦則主要負責直觀的、綜合的、幾何的、繪圖的思考認識和行為。當連接左右腦的腦樑被切斷後，人就無法運用語言去表述。

只有把左腦和右腦協調起來，一個人才能夠充分地發揮自身的潛能。愛因斯坦曾這樣描述他在思考問題時的情景：「我思考問題時，不是用語言進行思考，而是用活動的跳躍的形象進行思考，當這種思考完成以後，我要花很大力氣把它們轉化成語言。」加強記憶，需要左右腦各自發揮其優勢，也需要左右腦很好地合作。因此，我們不能忽視左右腦的協調訓練。

打字訓練和樂器練習（左右手並用的樂器）是兩種適合孩子進行左右腦協調訓練的方法。

1. 打字訓練

打字訓練需要左右手高度協調，這也鍛煉了左右腦的協調。在輸入漢字時，大腦先將漢字拆成字根，這是一個分析過程，主要由左腦完成；再將字根轉換成英文字母，組合在一起，這是個綜合的思維過程，一般由右腦完成。而且，在打字時，手指指尖不斷與鍵盤接觸。由於人體的每一塊肌肉在大腦皮層中都有着相應的「代表區」——神經中樞，其中手指運動的神經中樞在大腦皮層中所佔的區域最為廣泛，因此打字訓練能促使左右腦不斷地得到協調訓練。

2. 樂器訓練

不論是彈奏樂器、吹奏樂器，還是打擊樂器，都需要左右手的高度協調，手指指尖也能經常得到運動，因而也是協調左右腦的一種有效的訓練方法。學習、掌握一兩種樂器的演奏，既可豐富文化生活，陶冶情操，又可增加技能，使大腦得到有益的訓練。

3. 健腦體操

英國醫生保羅·丹尼斯與蓋爾·丹尼斯創造出一套「大腦體操」，這套體操強調左腦與右腦經常互動，可以增強記憶力與創造力，並振奮情緒。大部分的動作都非常輕鬆有趣，下面挑選幾個綜合鍛煉左腦與右腦的體操：

（1）左右交叉運動

【做法】身體放鬆站立，雙眼儘量往左上方看，頭不要轉動。把右手擺向身體左邊，同時把左腳擺向身體右邊。重點是要讓右手與左腳都越過身體的中線。然後，換邊，把左手擺向身體右邊，右腳擺向身體左邊。如此重複做幾次。

然後，雙眼儘量往右下角看，頭不要動。重複幾次左右交叉運動。

【效果】這個運動可以喚醒左腦與右腦，讓全身甦醒，並且讓眼珠左右運動。如果你覺得把眼睛盯在一個地方很困難，也可以讓眼睛隨着身體自由移動。你也可以放着音樂做這個運動，讓自己的搖擺動作加大，就好像在跳舞一樣。

建議父母可以和孩子一起做，感覺會更有趣。運動強度與次數可隨自己身體感覺調整，要讓自己感到清醒愉快，不要太激烈。

（2）麻花卷運動

【做法】身體站直，左右手臂向前平伸，然後將兩手掌交叉握着。把交叉的手掌往內彎，從胸前伸出；然後雙腳也交叉，此時全身有如麻花卷一樣，如此打結站立一兩分鐘。然後，把身體解開，雙手回到胸前合掌，有如祈禱一樣，平心靜氣站一兩分鐘。

【效果】這個運動可以讓全身左右兩邊交叉結合在一起，使左右融合，之後又到完整圓融的狀態。

（3）抖抖功

【做法】身體站直，先從手腕、手臂輕輕地甩動、放鬆，然後把抖動的範圍與強度加大，讓頭部、上半身、大腿、腳部都像被電到一樣抖起來。記住要非常放鬆，把所有的煩惱、不愉快、疼痛全都抖掉。抖動幾分鐘之後，讓身體恢復平靜，可以感到全身麻麻的、熱熱的，非常舒暢。

【效果】喚醒全身的細胞，讓身體放鬆，補充身心能量。